Cuentitos simpáticos

A reader for advanced beginning Spanish students

Rubin Pfeiffer

Mc Graw Hill Glencoe

New York, New York   Columbus, Ohio   Chicago, Illinois   Peoria, Illinois   Woodland Hills, California

The publisher would like to thank Guilherme P. Kiang-Samaniego, Marcia Siedletz, and Connell-Torres Associates for their contributions to this edition.

Cover design: Lisa Buckley
Interior design: Lucy Lesiak
Interior illustrations: Andrew Grossman, the Toos Studio

 **Glencoe**

The *McGraw·Hill* Companies

Send all inquiries to:
Glencoe/McGraw-Hill
8787 Orion Place
Columbus, OH 43240

ISBN : 0-658-00523-5
Printed in the United States of America
4 5 6 7 8 9 10 11 12 CHG 15 14 13 12 11 10

✒ Contents ✑

ᨦ Introduction ᨧ

Cuentitos simpáticos is a reader for advanced beginning students of Spanish. The twenty-seven humorous short stories use authentic, yet simple and natural language to deal with a variety of comical situations. Although the situations are often satirical and a bit farfetched, the topics themselves—such as learning languages, eating out, going to the doctor, shopping, and traveling—are ones that are traditionally featured in basal texts. By providing imaginative situations sprinkled with humor, these stories will help students strengthen their own communication skills and thus bolster their self-confidence when they speak Spanish.

Each short story starts with a **prereading** activity that encourages students to use their prior knowledge and critical thinking skills to make their own special connection to the reading. Lively classroom discussions can result from these **Antes de leer** activities. Each story is followed by comprehension exercises that check students' understanding. Students answer objective questions based on what they have just read, and might also have to determine if statements are true or false (and correct the false information) or complete multiple-choice questions. The **Comprensión** section ends with **¿Y tú?**, so everyone has a chance to express his or her opinion. Following this, there are exercises that focus on the vocabulary, structures, and verbs used in the stories. For example, students might identify cognates, synonyms, or antonyms in the **Vocabulario** section; supply the appropriate preposition in the **Estructuras** section; or choose the correct verb form in the **Verbos** section. High-frequency vocabulary and expressions are used throughout to facilitate comprehension, and the more difficult terms have been glossed on the page and also included, along with other words, in the vocabulary list at the back of the book. A whimsical illustration accompanies each story and adds to the humor and meaning of the text.

Students might enjoy role-playing these stories for the rest of the class or for a smaller group. If they do, not only will the "actors" refine their interpretive reading skills, but also their audience will strengthen its listening skills. Listening skills may also be polished by having students listen to the short stories on an audiocassette that is available. Each story has been recorded and is read by native speakers.

Cuentitos simpáticos is the perfect complement to any basal text for advanced beginners and is the ideal addition to your Spanish class. Students will enjoy reading these engaging stories as they move toward mastery of the structures needed for self-expression in Spanish. Teachers will appreciate the book's flexible organization that lets them select stories in any order to reinforce topics, structures, or verbs being studied or reviewed in class.

1.
Una lengua extranjera°

lengua extranjera
foreign language

ANTES DE LEER: *¿Por qué estudias español?*
¿Te gusta? ¿Sabes otras lenguas? ¿Cuáles?

Mino tiene dos años. Es el perro más
inteligente de San Juan. El primer día de clase
sale de la casa a las ocho de la mañana porque
quiere llegar temprano a la escuela. Su madre
5 le pregunta:
    —¿A qué hora regresas° hoy, hijito?

regresas return

    —Hoy regreso a casa a eso de° las dos y

a eso de around

media —contesta Mino.

1

Durante todo el día, la madre mira el reloj
10 varias veces.° Ella quiere saber cómo su hijo   **varias veces** several times
está pasando su primer día de clase. La madre
de Mino se interesa mucho en la educación de
su hijo.

A las tres en punto° llega Mino a la casa. Él   **en punto** sharp
15 llama a la puerta° con la pata.° La madre abre la   **llama a la puerta**
puerta y dice: knocks on the door
pata paw

—¡Buenas tardes, hijito!

—¡Miau, miau! —dice Mino imitando a un
gato.

20 —¿Qué dices, Mino? —pregunta la madre
con sorpresa°—. ¿Por qué hablas como gato?°   **con sorpresa** with
¿No sabes ladrar ni aullar° como todo el   astonishment,
mundo?   surprise
hablas como gato talk
like a cat

—¡Claro que sé° ladrar y aullar! —dice el   **ladrar ni aullar** to bark
25 hijo—. Es que° este año tenemos clase de   or howl
lengua extranjera.   **Claro que sé** Of course
I know
Es que. . . It's just that. . .

◖◕ COMPRENSIÓN ◕◗

A. Contesta las preguntas con oraciones completas.

1. ¿Cómo se llama el perro?

2. ¿Cuántos años tiene el perro?

3. ¿Cómo es Mino?

4. ¿A qué hora sale Mino de la casa?

5. ¿Adónde va Mino?

6. ¿Cuándo regresa Mino a la casa?

7. ¿Por qué su madre mira el reloj varias veces?

8. ¿Qué dice Mino al llegar?

9. ¿Qué dice la madre?

10. ¿De qué tiene clases Mino este año?

B. ¿Y tú?

1. ¿Cómo te llamas?

2. ¿Cuántos años tienes?

3. ¿A qué escuela vas?

4. ¿A qué hora sales de tu casa para ir a la escuela?

5. ¿A qué hora entras en la escuela?
6. ¿Qué estudias en la escuela?
7. ¿A qué hora regresas a casa?
8. ¿Qué haces al llegar a casa?

◖◗ VOCABULARIO ◖◗

A. Cognates are related words that are similar in form in English and Spanish. For example, *nervioso* is a cognate of *nervous*. Generally, English words ending in *-ous* end in *-oso* or *-osa* in Spanish. Form Spanish cognates from the following English words.

1. delicious – *delicioso*
2. furious – *furioso*
3. glorious – *gloriosa*
4. numerous – *numeroso*
5. famous – *famoso*

6. curious – *curioso*
7. marvelous – *marveloso*
8. mysterious – *mysterioso*
9. precious – *precioso*
10. fabulous – *fabuloso*

B. Diminutives: In Spanish, diminutives are used to indicate affection or small size. Some are formed by adding *-ito* or *-ita* to the stem of a noun.

MODEL: hijo *(son)*
hijito *(sonny, little son)*

Ana *(Ann)*
Anita *(Annie)*

Form the diminutives of the following nouns and tell what they mean.

1. hija — *child*
2. perro – *dog*
3. casa – *house*
4. Juana – *Jenny*
5. gato – *cat*

C. Antonyms: Words of opposite meaning are called antonyms. Match the following antonyms.

A	B
1. temprano	**a.** noche 4
2. preguntar	**b.** entrar 3
3. salir	**c.** malo 5
4. día	**d.** tarde 1
5. bueno	**e.** contestar 2

✎ ESTRUCTURAS ✎

Circle the preposition that best completes each sentence.

1. Paulina es la alumna más inteligente (a, de) la clase.
2. Ellos llaman (a, de) la puerta.
3. José imita (a, de) su amigo.
4. Mi madre entra (a, de) la casa (a, de) las dos.
5. La blusa (a, de) Flora es (a, de) algodón.
6. Mino va (a, de) la escuela.
7. La niña regresa (a, de) las dos (a, de) la tarde.
8. Hoy es mi primer día (a, de) clase.
9. Mañana tengo clase (a, de) matemáticas.
10. Regreso (a, de) eso (a, de) las tres.

✎ VERBOS ✎

A. Complete the following sentences using the present tense of the verbs in parentheses.

1. Alfonso _abres_ su armario. *(abrir)*
2. Ellos _imitan_ los buenos ejemplos de su padre. *(imitar)*
3. ¿Por qué no me _respondes_ tú cuando te hablo? *(responder)*
4. Fabio te _imita_. *(imitar)*
5. Tú _abres_ la ventana para dormir. *(abrir)*
6. Graciela y yo _imitamos_ a Sofía. *(imitar)*
7. Inés y Claudia _responden_ a las preguntas de ciencias. *(responder)*
8. Los alumnos _abrimos_ sus libros. *(abrir)*
9. Nosotros _respondemos_ si nos preguntan. *(responder)*
10. ¿Por qué me _imitas_ tú? *(imitar)*
11. Sara y yo _abre_ la puerta de la sala. *(abrir)*
12. La niña nunca _responden_ cuando le preguntan. *(responder)*

13. Yo _imito_ al profesor. *(imitar)*

14. Yo nunca _abre_ esa puerta. *(abrir)*

15. Yo _respondo_ siempre a todas las preguntas. *(responder)*

B. Complete the following sentences with the infinitive or the present tense of the verbs in parentheses.

1. Guillermo quiere _hablar_ con el director. *(hablar)*

2. ¿A qué hora _regresar_ ustedes? *(regresar)*

3. ¿Puedes _abres_ la ventana, por favor? *(abrir)*

4. ¿ _llegas_ tú temprano de la escuela? *(llegar)*

5. Nosotros _contestamos_ al profesor en español. *(contestar)*

6. Quiero _aprender_ italiano. *(aprender)*

7. ¿Qué _miras_ tú? *(mirar)*

8. ¿Quieres _pasar_ por mi casa? *(pasar)*

9. El perro no _ladra_ nunca. *(ladrar)*

10. Las niñas quieren _entrar_ a su casa. *(entrar)*

5

2.
El restaurante

ANTES DE LEER: *¿Te gustaría tener un restaurante? ¿Qué puedes hacer para hacer publicidad de° tu negocio?*

hacer publicidad de to advertise, promote

Me llamo Juan Cruz y, en este momento, estoy pasando delante de un conocido restaurante de una calle céntrica° de Madrid. Veo a un señor sentado cerca de la entrada disfrutando° de un
5 enorme plato de arroz con pollo. ¡A mí me encanta el arroz con pollo! Como tengo hambre,° entro al restaurante y me siento.

calle céntrica downtown street
disfrutando enjoying

Como tengo hambre Since I'm hungry

6

El mozo° viene y me da la carta.° Unos
minutos más tarde me pregunta:

10 —¿En qué lo puedo servir,° señor? Nuestras
especialidades son la carne y el pescado.

—Sírvame primeramente un vaso de agua,
por favor.

—Aquí tiene.°

15 Como hace calor y tengo mucha sed, bebo
toda el agua.

—Bueno, para comer tráigame una buena
porción de arroz con pollo.

Después de unos minutos, el mozo pone
20 delante de mí un plato, o mejor dicho,° un plato
minúsculo° de arroz con pollo. La porción es
muy pequeña para el apetito que tengo. ¿Pero,
qué es esto?

—¿Por qué es tan pequeña la porción? El
25 señor de aquella mesa tiene una porción mucho
mayor. ¿Por qué a mí me sirven tan poco? ¡Esto
no puede ser! Quiero hablar con el gerente° del
restaurante.

—Le aseguro° —contesta el mozo— que ésta
30 es la porción que servimos siempre a todos
nuestros clientes.

—Yo creo que me quieren engañar.°

—No, señor. Se equivoca.°

—Insisto en hablar con el gerente de este
35 restaurante.

—Perdone, pero en este momento el gerente
está ocupado.°

—¿Ocupado? ¿Pero qué hace?

—El gerente es ese señor que tiene la
40 porción grande de arroz con pollo.

mozo waiter
carta menu

**¿En qué lo puedo
servir?** How may I
help you?

Aquí tiene Here you are

mejor dicho rather
minúsculo minuscule,
very small

gerente manager

Le aseguro I assure you

engañar to cheat

Se equivoca You are
mistaken

ocupado busy

7

⟪ COMPRENSIÓN ⟫

A. Forma oraciones emparejando las frases de las columnas A y B.

A	B
1. Juan está pasando	**a.** lo quieren engañar.
2. Juan ve a un señor	**b.** de arroz con pollo.
3. Juan pide un plato	**c.** comiendo la porción grande de arroz con pollo.
4. Él pide también	**d.** delante de un restaurante.
5. La porción no es	**e.** con el gerente del restaurante.
6. Juan cree que	**f.** muy grande.
7. Juan quiere hablar	**g.** un vaso de agua.
8. El gerente es el señor que está	**h.** sentado cerca de la puerta.

B. Contesta las preguntas con oraciones completas.

1. ¿Cómo se llama el cliente?
2. ¿Dónde está sentado el señor que está comiendo arroz con pollo?
3. ¿Qué le gusta a Juan?
4. ¿Por qué pide Juan un vaso de agua?
5. ¿Tiene mucho apetito Juan?
6. Cuando le sirven el plato, ¿qué dice Juan?
7. ¿Qué pide Juan al mozo?
8. ¿Quién está comiendo la porción grande de arroz con pollo?

C. ¿Y tú?

1. ¿Vas a menudo a restaurantes?
2. ¿Prefieres salir a comer o comer en la casa?
3. ¿Te gusta la comida española, china, italiana, francesa o de otro tipo?
4. ¿A qué hora comes tú?
5. ¿Tienes siempre buen apetito?
6. ¿Te sirves porciones grandes o pequeñas de comida?
7. ¿Quién cocina en tu casa?
8. ¿Sabes cocinar?

❧ VOCABULARIO ❧

A. Cognates: English words that end in *-tion* generally end in *-ción* in Spanish and are feminine.

MODEL: education – la educación

Form the Spanish cognate for these English words.

1. nation
2. vacation
3. conversation
4. action
5. direction
6. operation
7. composition
8. admiration
9. election
10. invitation

B. Adverbs: In Spanish, adverbs can be formed by adding *-mente* to an adjective that ends in a consonant. Form adverbs from these Spanish adjectives.

MODEL: natural *(Spanish adjective)*
naturalmente *(Spanish adverb)*

1. final
2. general
3. real
4. cruel
5. personal

C. Antonyms: Match these words of opposite meaning.

A	B
1. cerca	a. de pie
2. tomar	b. dar
3. sentado	c. antes
4. delante de	d. lejos
5. después	e. detrás de

❧ ESTRUCTURAS ☙

Complete the following passage by inserting the necessary words from those given below.

Es la una **(1)** _____ tarde. El señor Vega tiene hambre y va **(2)** _____ restaurante **(3)** _____ comer. La comida **(4)** _____ restaurante es muy buena **(5)** _____ es un poco cara. Hoy hay mucha gente. El señor Vega pide una porción grande **(6)** _____ pollo **(7)** _____ papas y come rápido **(8)** _____ tiene **(9)** _____ volver **(10)** _____ oficina.

a	a un	de	de la	porque
a la	con	del	pero	que

❧ VERBOS ☙

A. Complete the following sentences using the present tense of the verbs in parentheses.

1. Isabel y yo no _____ nada que hacer. *(tener)*
2. ¿De dónde _____ tus padres? *(ser)*
3. Creo que las chicas no _____. *(venir)*
4. Creo que ella _____ cansada. *(estar)*
5. El niño _____ dos años. *(tener)*
6. ¿Por qué no _____ ustedes con nosotros? *(venir)*
7. Ellos _____ solos. *(venir)*
8. Mi hermano y yo _____ a hablar con usted. *(venir)*
9. ¿Cuántas hermanas _____ tú? *(tener)*
10. Mis amigos y yo _____ muy aburridos. *(estar)*
11. Nosotros _____ alumnos del colegio Cristóbal Colón. *(ser)*
12. ¿Quién _____ usted? *(ser)*
13. Tú _____ de Madrid. *(ser)*
14. Tú _____ mis libros. *(tener)*
15. ¿Dónde _____ la Casa Blanca? *(estar)*
16. Yo no _____ el hijo de Fermín. *(ser)*
17. Yo no _____ hambre. *(tener)*
18. ¿Cómo _____ ustedes? *(estar)*
19. Yo _____ a traerte tus cuadernos. *(venir)*
20. Yo _____ cerca del restaurante. *(estar)*

10

B. Complete the following dialogue with the present tense of the verbs *estar, ser, venir,* or *tener.*

—¿ **(1)** _____ usted el señor Gonzalo Hernán?

—Sí, **(2)** _____ yo.

—Yo **(3)** _____ a traerle una carta de su amigo Francisco.

—¡Ah! ¿Y cómo **(4)** _____ Francisco?

—Él **(5)** _____ un poco enfermo. **(6)** _____ problemas de salud.

C. Answer the questions using the present progressive of the verbs in parentheses. Remember that the present progressive is formed with the present tense of *estar* followed by the present participle of the main verb.

1. ¿Por qué no viene Teresa?

   Ella _____ para el examen de mañana. *(estudiar)*

2. ¿Qué haces?

   _____ la televisión. *(ver)*

3. ¿Dónde están ustedes?

   _____ el sol en el jardín. *(tomar)*

4. ¿Por qué no me contestas?

   No _____ contigo. *(hablar)*

5. ¿Dónde está Antonio?

   _____ en el parque. *(correr)*

6. ¿A qué hora llegan los novios?

   _____ ahora de la iglesia. *(salir)*

D. Complete the following dialogue with the present progressive of the verbs *ver, comer, hacer,* and *llegar.*

(por teléfono. . .)

—¿Cómo estás Fernanda? ¿Qué **(1)** _____?

— **(2)** _____.

—¿Comiendo a esta hora?

—Sí. Es que tengo mucha hambre. ¿Y tú?

—Yo **(3)** _____ un video con mi hermano.

—¿Y tu hermana?

— **(4)** _____ ahora de su trabajo. ¿Quieres venir?

—No puedo. Tengo que estudiar para el examen.

—Bueno, si quieres, puedes venir.

—Gracias. Hasta luego.

3.
Cuestión de opinión°

Cuestión de opinión
(a) Matter of
opinion

ANTES DE LEER: *¿Qué le dices a tu profesor o profesora si no terminas tus tareas?*

Pablito es un chico muy inteligente y hacer preguntas es uno de sus pasatiempos° favoritos. Un domingo por la tarde el niño viene a donde está su mamá y le dice:

5 —Mami, ¿cuál es mejor, un auto grande o uno pequeño?

—Bueno, Pablito, eso es cuestión de opinión. Un auto pequeño es fácil de aparcar; uno grande es más cómodo para viajar de vacaciones.

pasatiempos pastimes

Pablito le da las gracias y se va a jugar, pero pronto regresa para preguntar:

—Mami, ¿es mejor viajar en tren o en avión?

—Bueno, Pablito, eso es cuestión de opinión —responde nuevamente la madre—. En el tren
15 puedes gozar del paisaje, pasar de un vagón° a otro, comer en el vagón restaurante y hasta puedes dormir en el vagón coche-cama° mientras viajas. Pero cuando viajas en avión puedes ir de una ciudad a otra, o inclusive° de un país a otro
20 en muy poco tiempo porque los aviones vuelan a gran velocidad.

—Sabes mucho, mamá —comenta Pablito y regresa a jugar.

Antes de dormirse, Pablito tiene otra
25 pregunta:

—Mami, ¿es mejor jugar al baloncesto° o jugar al ajedrez?°

—Bueno, Pablito, eso es cuestión de opinión. Unas personas juegan al baloncesto
30 porque les gusta correr, saltar y lanzar el balón. Otras personas prefieren sentarse frente al tablero de ajedrez y pensar cuidadosamente la jugada.°

—Eres muy inteligente, mamá —dice Pablito
35 mientras cierra los ojos para dormir.

Al día siguiente, al comenzar la clase, la maestra Silvia pide a los niños los cuadernos con la tarea de historia. Pablito le dice que su cuaderno está en casa.

40 —¡Todos los niños deben traer el cuaderno! —responde Silvia.

—Bueno, señorita, eso es cuestión de opinión —le dice el niño.

—Pablito, ¿qué quiere decir "eso es cuestión
45 de opinión"?

—Bueno, señorita —responde Pablito—, el niño que hace la tarea debe traer el cuaderno, pero si el niño no hace la tarea, es mejor que el cuaderno se quede° en casa.

vagón car *(of a train)*

vagón coche-cama sleeping car

inclusive even

baloncesto basketball

ajedrez chess

jugada play

se quede remain

◖◗ COMPRENSIÓN ◖◗

A. Indica con una *V* si la oración es verdadera y con una *F* si la oración es falsa. Corrige las oraciones falsas.

1. Pablito es un chico muy inteligente. √
2. El chico no le da las gracias a su mamá. F
3. Cuando viajas en avión puedes dormir en el vagón coche-cama. F
4. Los aviones vuelan a gran velocidad. √
5. Los jugadores de ajedrez prefieren correr. F
6. Los jugadores de baloncesto prefieren saltar. √
7. La maestra dice que los niños no deben traer el cuaderno al colegio. √F
8. A toda la gente le gusta sentarse frente a un tablero de ajedrez. F

B. Contesta las preguntas con oraciones completas.

1. ¿Cuál es uno de los pasatiempos favoritos del niño?
2. ¿Qué ventaja tiene un auto pequeño?
3. Según la madre, ¿cuándo puede Pablito gozar del paisaje?
4. ¿Dónde duermen los pasajeros cuando viajan en tren?
5. ¿Qué hace Pablito después de que su mamá le contesta su última pregunta?
6. ¿Qué cosas hace un jugador de baloncesto cuando juega?
7. ¿Quién es Silvia? ¿Qué pide ella?
8. ¿Por qué dice Pablito: "Eso es cuestión de opinión"?

C. ¿Y tú?

1. ¿Cuál es uno de tus pasatiempos favoritos?
2. ¿Qué tipo de auto prefieres? ¿Por qué?
3. ¿Qué clase de transporte usas cuando vas de vacaciones?
4. ¿Prefieres jugar al baloncesto o al ajedrez? ¿Por qué?
5. ¿Tienes miedo de viajar en avión? ¿Por qué?
6. ¿Adónde y con quién vas de vacaciones?
7. ¿En qué época vas de vacaciones?
8. ¿Cuál es tu sitio favorito para pasar vacaciones? ¿Por qué?

◖ VOCABULARIO ◗

A. Cognates: Many English words that end in *-y* have Spanish cognates that end in *-ia*.

MODEL: history—la historia

Form the Spanish cognates for these English words.

1. glory — gloria
2. democracy — democracia
3. victory — victoria
4. academy — academia
5. comedy — comedia
6. secretary — secretaria
7. tragedy — tragedia
8. family — familia

B. Antonyms: Match the following words of opposite meaning.

A	B
1. grande	**a.** estúpido
2. cómodo	**b.** regresar
3. poco	**c.** incómodo
4. inteligente	**d.** pequeño
5. ir	**e.** mucho

◖ ESTRUCTURAS ◗

Form sentences using the words in the order given. You will have to change the form of some words and you might have to add some articles and prepositions.

1. mamá / saber / mucho / y / ser / muy / inteligente.
2. auto / grande / no / ser / cómodo / aparcar.
3. madre / responder / preguntas / niño.
4. niño / le / dar / gracias / su / mamá.
5. aviones / volar / grande / velocidad.
6. Silvia / ser / maestra / escuela.
7. Pablito / cerrar / ojos / dormir.
8. maestra / les / pedir / alumnos / cuadernos.
9. ¿qué / querer / decir / eso?
10. Pablito / le / responder / su / maestra.

⚜ VERBOS ⚛

A. Complete the sentences using the present tense of *ir, dar, decir,* or *poder.*

ir
1. Ella _____ a esta escuela.
2. Ustedes _____ a otra escuela.
3. Yo _____ de vacaciones.
4. Nosotras _____ de vacaciones.
5. Tú _____ a clase todos los lunes.

dar
6. Yo le _____ un juguete al niño.
7. María le _____ un libro al niño.
8. Tú le _____ un lápiz a la chica.
9. Mi hermano y yo le _____ un juguete al niño.
10. Mis padres le _____ dinero al chico.

decir
11. Tú siempre _____ la verdad.
12. Yo también _____ la verdad.
13. Ellos _____ chistes en español.
14. Nosotros _____ que todo está bien.
15. Paco _____ mentiras.

poder
16. Ellos _____ comprar el auto.
17. Tú _____ comprar la casa.
18. Yo _____ leer el libro.
19. Ella _____ leer el cuento.
20. Marta y yo _____ cantar.

B. Use the correct form of the present tense of the verb in parentheses to complete each sentence.

1. ¿A quién le _____ usted las llaves? *(dar)*
2. Silvia no _____ jugar al fútbol. *(poder)*
3. Lucía _____ a otra universidad. *(ir)*
4. Yo siempre _____ la verdad. *(decir)*
5. ¿ _____ ellos comer todas las peras? *(poder)*
6. Yo le _____ el sobre a mi hermana. *(dar)*
7. Nosotros _____ las palabras en español. *(decir)*
8. El equipo _____ a ganar. *(ir)*
9. Marta y yo _____ ir a jugar al tenis. *(poder)*
10. ¿Tú le _____ "buenos días" al profesor? *(decir)*

C. Complete these sentences using the present perfect tense (present of *haber* + past participle).

haber / regresar
1. Tú _has regresado_ a la universidad.
2. Ellas _han regresado_ pronto.
3. Julia _ha regresado_ al hospital.
4. Yo _he regresado_ tarde del colegio.
5. Nosotros _hemos regresado_ al cuarto.

haber / beber
6. Yo _he bebido_ todo el café.
7. Felipe y Paco _han bebido_ agua.
8. Ustedes _han bebido_ café con leche.
9. Tu abuelo y yo _hemos bebido_ leche.
10. Él _ha bebido_ el té.

haber / recibir
11. Ella _ha recibido_ un regalo.
12. Yo _he recibido_ una carta.
13. Nosotros _hemos recibido_ tres cartas.
14. María y Juan _han recibido_ malas noticias.
15. Tú _has recibido_ un libro.

D. Use the correct form of the present perfect tense of the verb in parentheses to complete each sentence.
1. Él _ha ganado_ el juego. *(ganar)*
2. Isabel y otra alumna _han recibido_ buenas notas. *(recibir)*
3. Nosotros _hemos aprendido_ bien las lecciones. *(aprender)*
4. ¿Tú _has mirado_ todos los cuadernos? *(mirar)*
5. Yo _he asistido_ a muchos conciertos. *(asistir)*

Present   Perfecto - perfectly done

★ Ejemplo - I have finished.

abrir - abierto
cubrir - cubierto
decir - dicho
escribir - escrito
freir - frito
hacer - hecho
morir - muerto
poner - puesto
resolver - resuelto
romper - roto

haber + participio

pasado → ado ido

hablado comido / vivido

17 volver - vuelto
ver - visto

4.

La sorpresa

Antes de leer: *¿Te gustan las sorpresas o prefieres saber lo que va a pasar?*

La familia Fuentes Caro por fin está en su nueva casa. Los chicos están felices porque ahora tienen mucho espacio° para jugar con sus nuevos amiguitos.° Sin embargo, el padre parece
5 un poco preocupado. Después de comprar los muebles° nuevos, no les queda mucho dinero° en el banco.

   —Tenemos que ser muy cuidadosos con los gastos° —le dice Jacinto a su esposa Dalia.

espacio space

amiguitos little friends

muebles furniture
no les . . . dinero there isn't much money left
gastos expenses

10   —No te preocupes —responde ella.

Pasan unos días y la señora Fuentes piensa
que aunque están cortos de dinero,° ella debe   **cortos de dinero** short
dar una fiesta para celebrar el cumpleaños de su   of money
esposo. Jacinto la merece porque no solamente es
15 buen esposo y padre, sino que también trabaja muy
fuerte. Segura de que su esposo no quiere gastar
dinero en fiestas, Dalia pide a sus hijos que
guarden° el secreto para no arruinar la sorpresa.   **guarden** keep

El día del cumpleaños de Jacinto, Dalia le
20 dice a su esposo:

—Jacinto, qué lástima no poder celebrar este
año tu cumpleaños con una fiesta en nuestra
nueva casa.

—Es mejor así, Dalia. Estamos cortos
25 de dinero. La nueva casa es un gran regalo
—responde Jacinto.

Al atardecer° llegan los invitados° para la   **Al atardecer** At dusk
fiesta sorpresa. Para avisar la llegada del padre,   **invitados** guests
los niños esperan en la ventana. Después de un
30 rato dicen:

—¡Mamá! ¡Llegó! ¡Llegó papá!

Al ver el carro de su padre, Miguelito —que
sólo tiene tres años— corre a su encuentro y grita:

—¡Papá! ¡Papá! ¡No hay invitados escondidos°   **escondidos** hidden
35 en la casa para tu fiesta!

⛬ COMPRENSIÓN ⛬

A. Indica con una *V* si la oración es verdadera y con una *F* si la
oración es falsa. Corrige las oraciones falsas.

1. Los niños de este cuento están felices en su nueva casa.

2. Los niños tienen nuevos amiguitos.

3. Jacinto y Dalia tienen mucho dinero en el banco después
de comprar la casa.

4. Dalia quiere celebrar el cumpleaños de su esposo.

5. Jacinto quiere gastar dinero en una fiesta de cumpleaños.

6. Todos los hijos de la familia Fuentes guardan el secreto.

7. Los invitados llegan al atardecer.

8. Miguelito tiene tres años.

B. Contesta las preguntas con oraciones completas.

1. ¿Cuál es el apellido del padre de la familia de nuestro cuento?
2. ¿Por qué están felices los hijos de Dalia?
3. ¿Qué quiere hacer el padre después de estar en la nueva casa?
4. ¿Para quién y por qué quiere Dalia dar una fiesta?
5. ¿Qué les pide Dalia a sus hijos?
6. ¿Adónde llegan los invitados?
7. ¿A qué vienen los invitados?
8. ¿Qué hacen los niños en la ventana?

C. ¿Y tú?

1. ¿Cómo reaccionas si te hacen una sorpresa?
2. ¿Cómo y con quién te gusta celebrar tu cumpleaños?
3. ¿Te gustan las fiestas sorpresa? ¿Por qué?
4. Si no tienes mucho dinero, ¿aún le das una fiesta sorpresa a un amigo o a una amiga? ¿Por qué?
5. Si haces una fiesta, ¿a cuántos amigos invitas? ¿Qué actividades planeas para la fiesta?
6. Para vivir con tu familia, ¿prefieres una casa vieja o una nueva? ¿Por qué?
7. Describe la casa que te gustaría tener algún día.
8. ¿Sabes guardar un secreto?

✒ VOCABULARIO ✑

A. Word Groups: You can increase your Spanish vocabulary by relating unfamiliar words to words you already know. For example, as you know, *el regalo* means "the gift." What does *regalar* mean? It means "to give a gift." In a dictionary, find the infinitive that corresponds to each of the following nouns; then define both words.

1. el juego
2. la compra
3. los muebles
4. los gastos
5. la lástima
6. la sorpresa
7. la preocupación
8. los invitados
9. la llegada
10. el encuentro

B. The absolute superlative is formed in Spanish by removing the final vowel from the singular form of the adjective, then adding *-ísimo(a)*. For example, alto > *altísimo(a)*. In English this concept is expressed using "very" or "extremely." Form the absolute superlative for the following words.

1. mucho
2. preocupada
3. cuidadoso
4. corto
5. segura

C. Synonyms: Match these words of similar meaning.

A	B
1. finalmente	a. solamente
2. sitio	b. carro
3. contesta	c. espacio
4. únicamente	d. por fin
5. automóvil	e. responde

D. Antonyms: Match these words of opposite meaning.

A	B
1. antigua	a. llegan
2. tristes	b. arruinar
3. salen	c. nueva
4. construir	d. mejor
5. peor	e. felices

◖ ESTRUCTURAS ◗

Form sentences using the words in the order given. You will have to change the form of some words and you might have to add some articles and prepositions.

1. familia / Fuentes / estar / nuevo / casa.
2. chicos / estar / feliz / porque / tener / mucha / espacio.
3. no / les / quedar / mucho / dinero / banco.
4. señora Fuentes / pensar / que / deber / dar / fiesta.
5. Jacinto / merecer / fiesta / porque / ser / bueno / esposo.
6. Dalia / pedir / hijos / que / guardar / secreto.
7. nosotros / estar / corto / dinero.
8. invitados / llegar / fiesta / sorpresa.
9. niños / esperar / ventana.
10. Miguelito / sólo / tener / tres / año.

❧ VERBOS ❧

A. Complete the sentences using the present tense of the verbs indicated.

hacer
1. Yo _____ la tarea. *hago*
2. Ellos _____ los ejercicios. *hacen*
3. Usted _____ el vestido. *hace*
4. Elena y yo _____ la limpieza. *hacemos*
5. Tú _____ la comida. *haces*

saber
6. Tú _____ hablar español. *sabes*
7. Yo _____ hablar francés. *sé*
8. Usted y Paco _____ jugar al fútbol. *saben*
9. Nosotros _____ jugar al baloncesto. *sabemos*
10. El nene no _____ cantar. *sabe*

agradecer
11. Nosotros le _____ a la señora el regalo.
12. Ramón y Leonardo les _____ a los señores el favor.
13. Tú le _____ a tu mamá por los consejos.
14. Yo le _____ a la señorita por los vestidos.
15. Mi vecina me _____ por los dulces.

traducir
16. Carlos _____ el cuento al inglés.
17. Tú _____ la lección.
18. Yo _____ la canción.
19. Ustedes _____ el ensayo.
20. El profesor _____ el párrafo.

B. Complete the sentences using the present tense of the verb in parentheses.

1. Juan _____ responder con cortesía. *(saber)*
2. ¿ _____ tú tus vestidos? *(hacer)*
3. Yo _____ bien al señor Ramírez. *(conocer)*
4. ¿ _____ ellos el libro al francés? *(traducir)*
5. ¿Qué _____ yo ahora? *(hacer)*
6. Nosotros _____ que _____ frío. *(saber, hacer)*
7. Yo les _____ a mis padres su ayuda. *(agradecer)*
8. La señora _____ la llave en la cerradura. *(introducir)*
9. Yo _____ a la mujer alta. *(reconocer)*
10. ¿ _____ mal tiempo? *(hacer)*

22

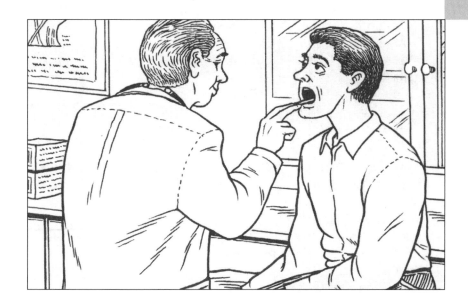

5.

El matasanos°

matasanos quack doctor

ANTES DE LEER: *¿Cómo es tu médico? ¿Es como el médico de este cuento? ¿Por qué?*

El doctor Casares tiene muy pocos pacientes.° Ya es la una de la tarde y acaba de llegar° su primer paciente del día. Su asistente le dice:

—Doctor Casares, su paciente está aquí.

5 —¡Dale el número diez y déjalo° entrar en treinta minutos! —dice el médico—. Así° pensará que tengo muchos pacientes.

Después de treinta minutos, el paciente entra al consultorio° del doctor.

10 —Buenas tardes. Siéntese y dígame° qué tiene.

—Tengo un dolor de cabeza muy fuerte todo el tiempo y no puedo soportar° la luz del sol.

pacientes patients

acaba de llegar has just arrived

déjalo let him
Así That way

consultorio (medical) office
Siéntese y dígame Sit down and tell me
soportar stand, bear

23

Creo que no estoy bien —contesta el paciente.

—Abra la boca, por favor.

15 El señor abre la boca y el doctor mira atentamente° su interior. Luego dice: —Señor, yo creo que usted descansa° demasiado. En lugar de° dormir la siesta todos los días, usted debe salir a caminar por lo menos treinta minutos.

20 —Pero, doctor; no puedo —dice el paciente—. La luz del sol me hace mal.°

—Entonces, puede salir a caminar por la noche.

—Pero yo ando muchísimo todos los días.

—Pues, creo que debe andar más.

25 —Pero, doctor, es que en mi trabajo. . .

—¡No ponga excusas,° por favor!

—Pero. . .

—¡No! Si usted cree que sabe más que yo, ¿para qué viene a verme?

30 —Es que, doctor, yo soy sereno° de un edificio de diez pisos;° y hago las rondas° piso por piso varias veces por la noche.

—¡Ah! Abra la boca otra vez, por favor . . .

atentamente attentively, carefully
descansa rest
En lugar de Instead of

me hace mal makes me sick

No ponga excusas Make no excuses

sereno night watchman
pisos floors
rondas rounds

◖ COMPRENSIÓN ◗

A. Completa las oraciones con la palabra o frase apropiada.

1. El doctor Casares tiene (bastantes, muchos, varios, muy pocos) pacientes.
2. El paciente espera (una hora, dos horas, media hora, un cuarto de hora) para ver al médico.
3. El paciente tiene (dolor de muela, dolor de cabeza, frío, miedo).
4. El paciente no puede soportar (la luz del sol, la oscuridad, el frío, el calor).
5. El médico examina el interior (del consultorio, del bolsillo, de la boca, de la oreja) del paciente.
6. El médico recomienda (nadar, jugar tenis, bailar, caminar) todos los días a la hora de la siesta.
7. El paciente trabaja de (guarda de tránsito, sereno, vendedor, guía) en un edificio.
8. El doctor Casares (no escucha, escucha atentamente, escucha con cuidado, presta atención) a su paciente.

B. Contesta las preguntas con oraciones completas.

  1. ¿Cuántos pacientes tiene el doctor Casares?
  2. ¿Dónde está el doctor Casares?
  3. ¿Quién llega a su consultorio?
  4. ¿Es el primer paciente del día?
  5. ¿Cuánto tiempo le hace esperar el doctor?
  6. ¿Por qué le hace esperar?
  7. ¿Qué tiene el paciente?
  8. ¿Qué recomienda el doctor después de examinar al paciente?
  9. ¿Qué dice el paciente?
  10. ¿En qué trabaja el paciente?

C. ¿Y tú?

  1. ¿Cada cuánto vas al médico?
  2. ¿Tiene muchos pacientes tu médico o médica?
  3. ¿Tienes que esperar mucho cada vez que vas?
  4. ¿Cuidas tu salud?
  5. ¿Qué haces para cuidarte?
  6. ¿Crees que es importante tener buena salud? ¿Por qué?
  7. ¿Crees que comes comidas buenas para la salud?
  8. ¿Es importante la comida para la salud?

◖ VOCABULARIO ◗

A. Word Groups: Find a word in the story that is related to these words.

MODEL: medicina—médico

1. paciencia	**6.** fuerza
2. asistencia	**7.** solar
3. numerar	**8.** excusar
4. llegada	**9.** descanso
5. doler	**10.** trabajador

B. Synonyms: Match these expressions of similar meaning.

A	**B**
1. dejar	**a.** caminar
2. treinta minutos	**b.** doctor
3. andar	**c.** responder
4. contestar	**d.** permitir
5. médico	**e.** media hora

C. Antonyms: Match these words of opposite meaning.

A	B
1. poco	**a.** impaciente
2. venir	**b.** mal
3. bien	**c.** ir
4. más	**d.** mucho
5. paciente	**e.** menos

✿ ESTRUCTURAS ✿

A. Complete the following dialogue by inserting the necessary words from those given below.

—¿Ya llegó el primer paciente?

—Sí, doctora.

— **(1)** _____ el número diez y **(2)** _____ entrar en diez minutos.

(Después de diez minutos entra el paciente.)

— **(3)** _____ y **(4)** _____ qué tiene.

—No tengo nada.

—¿Y por qué viene a **(5)** _____?

—Para estar seguro de que no tengo nada.

dale	déjalo	dígame	siéntese	verme

B. Complete the sentences with the correct infinitive from those given below.

1. Déjalo _____, por favor.

2. No puedo _____ este dolor.

3. Usted debe _____ a caminar.

4. Creo que debe _____ más.

5. En lugar de _____ la siesta, usted puede estudiar.

andar	dormir	entrar	salir	soportar

⚬ VERBOS ⚬

A. Future: Complete the following sentences using the future tense of the verbs in parentheses.

1. El lunes, José _____ mi carta. *(recibir)*
2. Esta noche yo _____ las capitales de todos los países. *(aprender)*
3. Francisco y yo _____ todas las preguntas. *(contestar)*
4. Los chicos _____ esta noche. *(trabajar)*
5. Mañana yo _____ la televisión. *(ver)*
6. Nosotros _____ en otra ciudad. *(vivir)*
7. Petra no _____ este mes. *(trabajar)*
8. Roberto _____ a las preguntas. *(responder)*
9. Tú _____ la puerta. *(abrir)*
10. Ustedes _____ a qué lugar quieren ir. *(decidir)*
11. Yo no _____ mis libros. *(vender)*
12. Yo _____ el dinero. *(dividir)*
13. Yo _____ mucha agua todos los días. *(beber)*
14. Yo _____ todos los días. *(estudiar)*
15. ¿Con quién _____ tú? *(hablar)*

B. Rewrite these sentences changing the verbs from the present to the future tense.

1. Trabajas mucho todos los días.
2. Vendemos libros en esta tienda.
3. Ellos reciben una notificación.
4. Yo nunca paso por ese lugar.
5. El niño aprende muchas cosas.
6. Vivimos en París.
7. Siempre divido mi tiempo.
8. La joven canta en el teatro.
9. Bebemos mucha agua en casa.
10. Ustedes deciden.

C. Rewrite these sentences changing the verbs from the present perfect to the future tense.

1. Hemos trabajado dos días.
2. Ellos han vivido solos.
3. José ha dividido todo.
4. Tú has recibido una carta.
5. No hemos aprendido nada.
6. Hoy has bebido mucha agua.
7. He vendido mi libro.
8. Ustedes han dado dinero.
9. Las chicas han cantado muy bien.
10. Hilda ha pasado por mi casa.

6.
Un muchacho terrible

ANTES DE LEER: *¿Conoces a personas difíciles de soportar?° ¿Crees que es fácil tratar° a este tipo de personas?*

soportar to bear
tratar to deal (with)

El perro está ladrando porque Jaime está jalando el rabo° del pobre animalito.

—¡Jaime! —dice la madre—. ¡Deja de molestar° al perro! ¿No ves que le hace mal jalarle el rabo?

5 —Pero yo no le estoy jalando el rabo —responde el muchacho muy listo°—. Yo sólo lo tengo agarrado° del rabo; es el perro el que está jalando.

jalando el rabo pulling the tail
Deja de molestar Stop bothering

listo smart
agarrado grabbed

29

—Muy gracioso.° ¡Deja ya de molestar al
10 perro!

Al día siguiente, el volcán Paricutín empieza
a mostrar° actividad. Este volcán está en México,
en el estado de Michoacán, donde vive la familia
de Jaime. Los padres del niño están preocupados
15 porque el volcán puede destruir el pueblo.
Entonces, deciden mandar al niño a la casa de
sus abuelos, que viven en Ciudad Juárez. Sus
padres lo llevan al aeropuerto y lo embarcan en
el avión.°

20 Durante el viaje, Jaime se comporta° como
siempre: no deja descansar ni dormir a los
pasajeros, corre por los pasillos del avión
gritando° como loco. Los auxiliares de vuelo° y
los pasajeros están furiosos con la conducta del
25 muchacho. Varias veces le dicen que se quede°
en su asiento, pero el niño no deja de correr ni
de hacer ruido.° En el avión nadie lo puede
soportar. ¡Qué alivio° para todos al llegar a
Ciudad Juárez!

30 En el aeropuerto, los abuelos están muy
contentos de ver su nieto; pero, después de dos
días, los padres de Jaime reciben este mensaje
electrónico de los abuelos: Urgente: Vengan° por
Jaime y tráigannos° el Paricutín.

Muy gracioso Very funny

mostrar to show

lo embarcan en el avión put him on the plane
se comporta behaves

gritando screaming
auxiliares de vuelo flight attendants
se quede to stay

hacer ruido making noise
Qué alivio What a relief

Vengan Come
tráigannos bring us

⋞ COMPRENSIÓN ⋟

A. Completa las oraciones con la frase apropiada.

1. El perro ladra porque
   a. Jaime va a viajar a Ciudad Juárez.
   b. Jaime le jala el rabo.
   c. la madre está haciendo ruido.
   d. Jaime está gritando.

2. Los padres de Jaime viven en
   a. el volcán Paricutín.
   b. Ciudad Juárez.
   c. el estado de Michoacán.
   d. los Estados Unidos.

3. Los pasajeros y auxiliares de vuelo están furiosos porque Jaime

    a. se está comportando bien.

    b. está haciendo mucho ruido.

    c. está todo el tiempo sentado en su lugar.

    d. está fuera del avión.

4. ¡Qué alivio para los pasajeros y auxiliares de vuelo ver a Jaime

    a. correr por el avión!

    b. subir al avión!

    c. hacer ruido en el avión!

    d. bajar del avión!

5. Los abuelos envían un mensaje electrónico a los padres de Jaime porque

    a. ya no soportan a Jaime.

    b. están muy contentos con la visita de Jaime.

    c. quieren pasar más tiempo con Jaime.

    d. quieren llevar a Jaime de viaje.

B. Contesta las preguntas con oraciones completas.

    1. ¿Qué está haciendo el perro al principio de la historia? *barks*

    2. ¿Por qué está ladrando? *Jaime, dándole*

    3. ¿Qué le dice la madre a Jaime? *- Deja ya de molestar*

    4. ¿Qué contesta el niño? *- no le jalé*

    5. ¿Qué está pasando con el volcán Paricutín? *- Nada*

    6. ¿Dónde está este volcán? *- en Juárez*

    7. ¿Dónde viven los abuelos de Jaime? *- en Juárez*

    8. ¿Qué deciden hacer los padres de Jaime? *- le viaja*

    9. ¿Cómo se comporta Jaime durante el vuelo a Ciudad Juárez? *- yita*

    10. ¿Cómo lo reciben sus abuelos al llegar? *- un mensaje mae*

    11. ¿Qué pasa después con los abuelos? *lletrógaxe - sad*

C. ¿Y tú?

    1. ¿Visitas a tus abuelos a menudo? *No, no le visitan*

    2. ¿Dónde viven ellos? *Ellos viven en Beirut,*

    3. ¿Hay volcanes en la zona donde vives? *No, no hay volcanes.*

    4. ¿Qué volcanes famosos conoces? *Nada*

    5. ¿Por qué crees que hay gente que vive en zonas donde hay volcanes, huracanes, tornados o terremotos?

Porque personas ame l'accion

❧ VOCABULARIO ❧

A. Word Groups: Find a word in the story that is related to these words.

MODEL: descanso—descansar

1. personal— *letsongs*
2. facilidad — *facil*
3. gracia— *gracioso*
4. auxilio— *auxiliares*
5. activo — *a*
6. preocupación — *preocupada*
7. furia— *furioso*
8. ruidoso— *ruido*
9. volcánico — *volcán*
10. familiar — *familia*

B. Cognates: Find in the story the Spanish cognate for these English words.

1. person— *personas*
2. type — *tipo*
3. activity — *actividad*
4. airport— *aeropuerto*
5. embark— *embarco*
6. volcano— *volcán*
7. content— *contento*
8. electronic — *electronica*
9. terrible — *terrible*
10. preoccupied — *preocupada*

C. Nouns and Verbs: Match the nouns in column A with their corresponding verbs in column B.

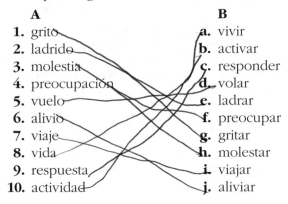

A	B
1. grito	a. vivir
2. ladrido	b. activar
3. molestia	c. responder
4. preocupación	d. volar
5. vuelo	e. ladrar
6. alivio	f. preocupar
7. viaje	g. gritar
8. vida	h. molestar
9. respuesta	i. viajar
10. actividad	j. aliviar

❧ ESTRUCTURAS ❧

Complete the following passage by inserting the correct infinitive from those given below.

El volcán empieza a **(1)** _mostrar_ actividad y puede **(2)** _destruir_ toda la ciudad. Los padres deciden **(3)** _mandar_ a su hija a la casa de sus abuelos, que viven en otra ciudad. Los padres embarcan a la niña en el avión.

Durante el vuelo, la niña no se comporta bien. Corre por los pasillos y no deja **(4)** _dormir_ ni **(5)** _descansar_ a los pasajeros. El auxiliar de vuelo le dice: —¡Deja ya de **(6)** _molestar_ a los pasajeros! —pero la niña sigue haciendo ruido.

destruir	dormir	molestar
mostrar	descansar	mandar

❧ VERBOS ❧

A. Present: Complete the following sentences using the present tense of the verbs in parentheses.

1. Hoy yo _estoy_ en el colegio. *(estar)*
2. Tú _eres_ mi amigo. *(ser)*
3. Fabiola _tengo_ diecinueve años. *(tener)*
4. Mañana yo no _venimos_ a trabajar. *(venir)*
5. Félix y yo _vamos_ a la escuela temprano. *(ir)*
6. Mis padres me _dan_ un poco de dinero. *(dar)*
7. Yo no _puedo_ estudiar con tanto ruido. *(poder)*
8. ¿Por qué no _haces_ tú la tarea? *(hacer)*
9. Él ya _supe_ la noticia. *(saber)*
10. Nosotros te lo _agradecemos_ mucho. *(agradecer)*
11. Julia y tú _traducin_ el libro. *(traducir)*
12. Yo _conteste_ todas las preguntas del examen. *(contestar)*
13. Tú _aprendes_ fácilmente. *(aprender)*
14. Alicia _vive_ en Londres. *(vivir)*
15. Tu hermano y yo lo _decidimos_ *(decidir)*
16. Ellos _hablan_ con el profesor. *(hablar)*
17. Los niños _comen_ toda la comida. *(comer)*
18. Yo _bibo_ mucha agua todos los días. *(beber)*
19. ¿Qué _estudias_ tú? *(estudiar)*
20. El estudiante _vende_ sus cosas. *(vender)*

33

B. Rewrite sentences 10–20 changing the verbs from the present to the future tense.

C. Present Progressive: Answer the questions using the present progressive of the verbs in parentheses.

1. ¿Qué están haciendo los niños? *(jugar)* jugando
2. ¿Dónde está Alfredo? *(trabajar)* trabajando
3. ¿Por qué no vienes tú? *(estudiar)* estudiando
4. ¿Qué están haciendo ustedes? *(hablar)* hablado
5. ¿Por qué no llamas a tus amigas? *(ver un video)* viendo un video
6. ¿Dónde están las chicas? *(preparar una pizza)* preparando una pizza
7. ¿Qué estás haciendo ahora? *(comer)*

comide

empieza

Future → inf. + endings

hablar é
hablar ás
hablar á
hablaremos
~~hablareos~~
hablaréis
hablarán

34

7.

Mucho sabe quien
sabe callar°

callar keep quiet

ANTES DE LEER: *¿Es importante crear una buena impresión? ¿Por qué?*

Alejandro es un hombre joven que tiene unos veinte años. Una noche decide ir a una fiesta en casa de un amigo en México, D.F. Durante las festividades, ve a una hermosa
5 muchacha que está mirando a los bailadores. Se acerca a° ella y le dice:

Se acerca a He approaches

—Señorita, permítame presentarme. Me
llamo Alejandro Reyes. Soy estu . . . soy profesor
de ingeniería° de la Universidad de México.   **ingeniería** engineering
10 Quisiera° tener el honor de bailar con usted.   **Quisiera** I would like
   Como Alejandro es muy guapo y habla con
cortesía, ella acepta su invitación. Durante el
baile, Alejandro quiere hacerle una buena
impresión. Habla con mucha exageración de
15 sus estudios (lee cuentos de fantasía), de su
perfección como atleta (le gusta jugar
videojuegos), de sus vehículos (tiene monopatín°   **monopatín** skateboard
y una bicicleta) y de todas sus novias hermosas
y ricas (que existen sólo en su imaginación).
20 La joven, que también es estudiante
inteligente, comprende inmediatamente que no
está diciendo la verdad, pero no le deja saber°   **deja saber** let on
que no cree sus mentiras.°   **mentiras** lies
   Así pasan mucho tiempo bailando. Alejandro
25 inventa mentira tras° mentira y la joven escucha   **tras** after
amablemente.° Cuando la fiesta está por terminar, **amablemente** pleasantly
él le pregunta:
   —¿Puedo acompañarla a su casa?
   —¡No, gracias! —dice ella—. No es necesario.
30 Mi chofer está esperándome.
   —Pues, ¿la puedo ver mañana por la noche?
   —¡Claro que sí! Me puede ver todas las
noches —responde ella con una sonrisa.
   —¿Dónde?
35 —¡En sus sueños!
   Y diciendo estas palabras, la chica se va.

◖ COMPRENSIÓN ◗

A. Escoge la frase que mejor complete cada oración.

   1. Alejandro va a una fiesta
      a. de la universidad.
      b. de cumpleaños.
      c. en el parque principal.
      d. en casa de un amigo.

2. El joven invita a bailar a
   a. un amigo.
   b. una niña que está jugando videojuegos.
   c. una hermosa chica que está observando los bailes.
   d. una profesora de la universidad.

3. Mientras están bailando, Alejandro comienza a
   a. hablar de sus malas notas.
   b. decir mentiras.
   c. contar cuentos de fantasía.
   d. hablarles a las amigas de la chica.

4. Mientras bailan, la chica
   a. piensa que el joven le miente.
   b. dice que ella tiene muchas amigas.
   c. habla de su monopatín.
   d. cree todo lo que le dice Alejandro.

5. Después de la fiesta,
   a. Alejandro acompaña a la chica a su casa.
   b. Alejandro dice la verdad.
   c. la chica dice que quiere salir con él.
   d. la chica le deja saber que no quiere salir con él.

B. Contesta las preguntas con oraciones completas.
   1. ¿Adónde va Alejandro?
   2. ¿A quién ve Alejandro?
   3. ¿Es estudiante o es profesor Alejandro?
   4. ¿Cómo habla Alejandro de su vida?
   5. ¿Dónde existen sus novias hermosas y ricas?
   6. ¿La joven cree o no lo que dice Alejandro?
   7. ¿Qué pasa mientras bailan los dos?
   8. ¿Quién está esperando a la joven?
   9. Según la joven, ¿cuándo la puede ver Alejandro?
   10. ¿Dónde la puede ver?

C. ¿Y tú?
   1. ¿Te gustan las fiestas? ¿Por qué?
   2. ¿Qué prefieres, bailes tradicionales o bailes modernos? ¿Por qué?
   3. Para hacer una buena impresión, ¿por qué es mejor no exagerar?
   4. ¿Cuántos "vehículos" tienes? ¿Cuáles son?
   5. ¿Algún día quieres tener un chofer o quieres manejar el carro?

◄◖ VOCABULARIO ◗►

A. Word Groups: Find a word in the story that is related to each of these words.

MODEL: estudiar — estudiante

1. necesitar
2. fantástico
3. atletismo
4. inmediato
5. impresionar

6. amable
7. hermosura
8. cortés
9. creencia
10. sonreír

B. Cognates: Look in the story for the Spanish cognates of these English words.

1. engineering
2. vehicles
3. courtesy
4. professor
5. intelligent

6. bicycle
7. imagination
8. immediately
9. exaggeration
10. accompany

C. Synonyms: Match the words in column A with their synonyms in column B.

A	B
1. ideal	a. hermoso
2. finalizar	b. danzar
3. bello	c. observar
4. irse	d. comprender
5. bailar	e. perfecto
6. cuento	f. historia
7. festividad	g. esencial
8. mirar	h. fiesta
9. entender	i. salir
10. necesario	j. terminar

◄ ESTRUCTURAS ◗

Complete the following passage by inserting the correct preposition: *a, con, de, en, para.*

Alejandro decide ir **(1)** _____ una fiesta **(2)** _____
casa **(3)** _____ una profesora. Se acerca **(4)** _____ una
estudiante bonita y le habla **(5)** _____ cortesía. Esta vez, no le
habla **(6)** _____ exageración, sino le dice la verdad. Después
(7) _____ la fiesta, Alejandro la acompaña **(8)** _____ su
casa y ella acepta su invitación **(9)** _____ ir **(10)** _____ un
concierto el sábado.

◄ VERBOS ◗

A. Complete the following sentences using *ir a* to express the
future.

MODEL: Ustedes _____ estar celosos de nosotros.
Ustedes *van a* estar celosos de nosotros.

1. Este verano yo _____ viajar a un pueblo pequeño.
2. Mis compañeras y yo _____ aprender los bailes
tradicionales.
3. Mi amigo Javier _____ ir con nosotras.
4. La tía de Javier nos _____ llevar en su camioneta.
5. Los bailadores del pueblo nos _____ dar clases
particulares.
6. ¿Tú nos _____ escribir muchas cartas?
7. Le juro que nosotros _____ divertirnos mucho.
8. La bailarina principal _____ enseñar varios bailes.
9. Nosotros _____ vivir con varias familias del pueblo.
10. Yo les _____ traer regalos como discos compactos.

B. Rewrite sentences 1–10, changing the construction to the
future tense.

MODEL: Ustedes _____ estar celosos de nosotros.
Ustedes *estarán* celosos de nosotros.

C. Rewrite each sentence using the affirmative familiar *(tú)* command.

MODEL: Tienes que visitar la capital. *Visita la capital.*

1. Tienes que leer este cuento.
2. Tienes que observar con más cuidado.
3. Tienes que escribir el poema.
4. Tienes que comer más.
5. Tienes que abrir el paquete.
6. Tienes que caminar despacio.
7. Tienes que hablar con cortesía.
8. Tienes que aprender a nadar.
9. Tienes que jugar conmigo.
10. Tienes que dejar de exagerar.

8.
El profesor distraído°

distraído absent-minded

ANTES DE LEER: *¿Prestas mucha atención a tu ropa? ¿Por qué?*

Gonzalo es una gran persona; es amable, simpático y magnífico profesor. Sus estudiantes lo admiran porque es justo, tiene buen sentido de humor y conoce muy bien la materia° que

materia subject

5 enseña. Sin embargo, hay algo en él que sus estudiantes no entienden: siempre hay una prenda° de su ropa que no hace juego° con el resto. Por ejemplo, viste camisa amarilla con pantalón azul y chaqueta roja. Otras veces su

prenda article *(of clothing)*
hace juego match

¹⁰ ropa les recuerda a los alumnos fiestas como la Navidad, pues se pone camisa roja con corbata verde. Parece que el profesor no presta mucha atención a su ropa.

Un día después de clase, su estudiante
¹⁵ Claudia se le acerca y le pide permiso para hacerle una pregunta. Al principio ella teme que el profesor se enfade,° pero Gonzalo le asegura° que no va a enojarse.°

—Pregunte lo que necesita saber —dice
²⁰ Gonzalo.

Claudia entonces le pregunta cuántos pares de zapatos tiene.

—Bueno . . . no sé —contesta el profesor.

—¿Llevó Ud. sus zapatos a la zapatería° la
²⁵ semana pasada? —sigue preguntando Claudia.

—No creo —le responde el profesor.

—¿Tiene Ud. problemas con sus pies? —pregunta Claudia.

—No lo he notado —contesta él.

³⁰ —Entonces, profesor . . . ¿por qué desde el jueves de la semana pasada lleva Ud. un zapato de cuero° en un pie y un zapato tenis en el otro?

Gonzalo se mira los pies, piensa un rato y, sin alterarse,° dice:
³⁵ —¡Bueno, los dos son negros y además son zapatos de buena calidad!

se enfade will get angry

asegura assures
enojarse to get angry

zapatería shoemaker's

cuero leather

sin alterarse
   undisturbed

✍ COMPRENSIÓN ✍

A. Forma oraciones emparejando las frases de las columnas A y B.

A

1. Gonzalo es
2. Los estudiantes dicen
3. El profesor se pone
4. Claudia se acerca a Gonzalo
5. El profesor tiene un solo
6. La estudiante quiere saber
7. Gonzalo tiene problemas
8. Los estudiantes no entienden
9. Los zapatos del profesor son
10. Sin alterarse,

B

a. por qué el profesor se pone camisa roja con corbata verde.
b. de buena calidad.
c. para preguntarle sobre los zapatos.
d. con su ropa.
e. que Gonzalo es conocedor de la materia.
f. Gonzalo mira los zapatos.
g. camisa amarilla con pantalón azul.
h. profesor.
i. zapato de cuero.
j. si el profesor tiene problemas con los pies.

B. Contesta las preguntas con oraciones completas.

1. ¿Por qué admiran los estudiantes a Gonzalo?
2. ¿Qué problema tiene el profesor Gonzalo con su ropa?
3. ¿Quién se le acerca a Gonzalo?
4. ¿Cuál es la actitud de Gonzalo hacia la alumna?
5. ¿Sabe Gonzalo cuántos pares de zapatos tiene él?
6. ¿Qué tipo de zapatos tiene puestos el profesor?
7. ¿Por qué no le preocupa a Gonzalo llevar puestos dos zapatos distintos?
8. ¿Por qué crees que el profesor es distraído?

C. Y tú?

1. ¿Te consideras una persona amable? ¿Por qué?
2. ¿Cómo te vistes para asistir a clase?
3. Generalmente, ¿qué tipo de zapatos prefieres? ¿Por qué?
4. ¿Por qué crees que algunos estudiantes se ponen nerviosos cuando hablan con su profesor(a)?
5. ¿Qué colores prefieres para tu ropa? ¿Por qué?
6. ¿Te interesa la forma de vestir de tu profesor(a)? ¿Por qué?

7. ¿Qué te importa más, la calidad de la ropa o el precio? ¿Por qué?

8. ¿Cuál es tu reacción cuando hablas con una persona distraída?

◖ VOCABULARIO ◗

A. Word Groups: Find a word in the story that is related to these words. Tell what both mean.

1. amabilidad		**6.** admiración	
2. parecido		**7.** permitir	
3. seguir		**8.** mirada	
4. corbatín		**9.** festivo	
5. atento		**10.** justicia	

B. Synonyms: Match these words of similar meaning.

A	**B**
1. magnífico	**a.** responder
2. enojarse	**b.** ver
3. materia	**c.** estupendo
4. contestar	**d.** enfadarse
5. mirar	**e.** curso

C. Antonyms: Match these words of opposite meaning.

A	**B**
1. simpático	**a.** fin
2. poner	**b.** trae
3. principio	**c.** respuesta
4. pregunta	**d.** antipático
5. lleva	**e.** quitar

◖ ESTRUCTURAS ◗

Form sentences using the words in the order given. You will have to change the form of some words and you might have to add some articles and prepositions.

1. yo / tener / bueno / sentido / humor.

2. parecer / profesor / no / prestar / mucho / atención / ropa.

3. Claudia / le / preguntar / cuántos / par / zapato / tener.

4. ¿llevar / Ud. / su / zapatos / zapatería / semana pasada?

5. ser / zapatos / negro / de / bueno / calidad.

44

⟨⟨ VERBOS ⟩⟩

A. ***Poner, salir,*** **and** ***ver:*** Complete the sentences with the present tense of the verb in parentheses.

1. Yo _____ que el profesor es buena persona. *(ver)*
2. El estudiante _____ de clase temprano. *(salir)*
3. Los estudiantes _____ los colores en la ropa del profesor. *(ver)*
4. Gonzalo se _____ ropa de muchos colores. *(poner)*
5. Claudia _____ que Gonzalo tiene zapatos diferentes. *(ver)*
6. Yo _____ de mi casa tarde. *(salir)*
7. Los alumnos _____ los libros en los pupitres. *(poner)*
8. El profesor y Claudia _____ el problema en distinta forma. *(ver)*
9. Yo no me _____ la ropa de mi hermano. *(poner)*
10. Por la mañana nosotros _____ para la escuela. *(salir)*

B. **Match** the present tense verbs in column A with the present perfect tense verbs in column B.

A	B
1. pongo	**a.** he salido
2. sales	**b.** he puesto
3. vemos	**c.** he visto
4. salgo	**d.** has salido
5. veo	**e.** hemos visto

9.
¡Buen provecho!

ANTES DE LEER: *¿Crees que es importante entender la lengua del país que uno visita? ¿Por qué?*

El señor Sam Jones es de Chicago y está de vacaciones en Colombia. Es la primera vez que visita el país y va a quedarse° allí un mes. El señor Jones pasa la primera semana de sus vacaciones en un hotel en Cartagena. El lunes se despierta temprano y sale a pasear por las calles de esta pintoresca° ciudad. Visita plazas, museos, teatros, parques, iglesias y muchos otros lugares.°

quedarse to stay, to remain

pintoresca picturesque, quaint
lugares places

Luego vuelve al hotel, almuerza y duerme la
10 siesta. Después de su siesta, se sienta en el
jardín a escuchar un grupo musical que está
tocando música folclórica° colombiana.

música folclórica folk music

A la noche entra al comedor del hotel y
se sienta a una mesa donde está comiendo un
15 distinguido caballero.° Cuando el señor Jones
empieza a comer, el caballero le dice:

distinguido caballero distinguished gentleman

—¡Buen provecho!°

¡Buen provecho! Hearty appetite!, Enjoy your meal!

El señor Jones, que sólo sabe unas palabras
en español, responde:

20 —¡Sam Jones!

Los dos comen en silencio porque el
caballero no habla inglés.

Al día siguiente, el señor Jones se sienta en
la misma mesa del comedor y encuentra al
25 caballero de la noche anterior. El caballero le
vuelve a decir° "¡Buen provecho!" y el señor
Jones vuelve a contestar "¡Sam Jones!"

vuelve a decir again says

Después de la comida, el señor Jones se
encuentra con° un amigo suyo que le explica
30 que "¡Buen provecho!" quiere decir° "¡Que
disfrute° la comida!"

se encuentra con runs into, meets
quiere decir means
disfrute enjoy

El señor Jones se alegra° de aprender esta
expresión.

se alegra is happy

Al tercer día, el señor Jones va temprano al
35 comedor y se sienta a la mesa. Cuando el caballero
colombiano empieza a comer, el señor Jones le
dice muy contento "¡Buen provecho!" El caballero
colombiano sonríe° y le contesta: "¡Sam Jones!"

sonríe smiles

ᘀ COMPRENSIÓN ᘏ

A. Indica con una *V* si la oración es verdadera y con una *F* si la
oración es falsa. Corrige las oraciones falsas.

1. El señor Jones es de Chicago.

2. Está visitando España.

3. Es la primera vez que visita Colombia.

4. Está en la ciudad de Cartagena.

5. El señor Jones habla muy bien el español.

6. El señor Jones tiene un amigo que habla español.

7. El señor Jones cree que "¡Buen provecho!" es el nombre del señor.

8. "¡Buen provecho!" es una expresión que significa "Que disfrute la comida".

B. Contesta las preguntas con oraciones completas.

1. ¿De dónde es el señor Jones?

2. ¿En qué país está ahora?

3. ¿Qué hace en ese país?

4. ¿En qué ciudad está él?

5. ¿Cuánto tiempo va a quedarse en ese lugar?

6. ¿Qué hace el lunes de esa semana?

7. ¿Con quién se sienta el señor Jones el lunes por la noche en el comedor?

8. ¿Qué contesta el señor Jones cada vez que el señor colombiano le dice "¡Buen provecho!"? ¿Por qué?

C. ¿Y tú?

1. ¿En qué país vives?

2. ¿En qué ciudad vives?

3. ¿Vives en una casa o en un apartamento?

4. ¿Con quién comes en la escuela?

5. ¿Qué les dices a tus amigos antes de comer?

6. Si te sientas a la mesa con alguien que no conoces, ¿qué le dices?

7. ¿Por qué es importante saber una lengua extranjera?

◖ VOCABULARIO ◗

A. Word Building: In Spanish, adding the prefix *des-* to certain words changes the meaning of the original word. Add *des-* before the following words and tell what each word means.

MODEL: cortés—descortés

1. conocido

2. aparecido

3. cubrir

4. cansado

5. componer

B. Cognates: Find cognates in the story for the following English words.

1. language
2. visit
3. vacation
4. hotel
5. museum
6. theater
7. park
8. garden
9. group
10. distinguished

C. Antonyms: Find words of opposite meaning in the story and tell what each word means.

1. última
2. aquí
3. tarde
4. antes
5. sale
6. se levanta
7. termina
8. ruido
9. pregunta
10. anterior

D. Ordinal Numbers and Days of the Week: Complete these sentences according to the model.

MODEL: ___ primer _____.
El primer día de la semana es domingo.

1. _____ lunes.
2. _____ tercer _____.
3. _____ miércoles.
4. _____ quinto _____.
5. _____ viernes.
6. _____ último _____.

⫷ ESTRUCTURAS ⫸

Complete the following sentences with the correct preposition: *de, en,* or *a.*

1. El señor Jones es _____ Chicago y está _____ vacaciones _____ Colombia.
2. El señor Jones pasa la primera semana _____ sus vacaciones _____ Cartagena.
3. El señor Jones sale _____ pasear por las calles _____ esta pintoresca ciudad.
4. Después _____ su siesta, se sienta _____ el jardín _____ escuchar un grupo musical.

5. El señor se sienta _____ una mesa donde está comiendo un distinguido caballero.

6. Cuando el señor Jones empieza _____ comer, el caballero dice: "¡Buen provecho!"

7. El señor Jones sólo sabe unas palabras _____ español.

8. Los dos caballeros comen _____ silencio.

ᛜᚬ VERBOS ᚬᛜ

A. Complete the following sentences using the present tense of the verbs in parentheses.

1. ¿A qué hora _____ tú? (*dormir*)

2. Geraldo _____ a casa a las seis. (*volver*)

3. Hoy yo _____ temprano. (*volver*)

4. ¿Por qué tú no _____ antes de hablar? (*pensar*)

5. Los alumnos _____ al profesor el accidente. (*contar*)

6. Los chicos no _____ venir. (*querer*)

7. Los gatos _____ de día. (*dormir*)

8. ¿Héctor y tú _____ ir de viaje? (*pensar*)

9. ¿Cuándo _____ tú? (*volver*)

10. Manuel _____ la siesta. (*dormir*)

11. En casa nosotros _____ tarde. (*dormir*)

12. Marcia y yo _____ antes de las dos. (*volver*)

13. Nosotras _____ que tienes razón. (*pensar*)

14. Pablo no _____ hacer la tarea hoy. (*pensar*)

15. Nosotros te lo _____, si quieres. (*contar*)

16. Tu hermana y yo _____ ir al cine esta tarde. (*querer*)

17. ¿Por qué no me lo _____ tú? (*contar*)

18. Ustedes _____ solos. (*volver*)

19. Yo _____ almorzar ya. (*querer*)

20. Yo _____ mis lápices. (*contar*)

21. ¿Qué _____ tú? (*querer*)

22. Yo _____ lo mismo. (*pensar*)

23. El padre _____ un cuento a su hijo. (*contar*)

24. Elena _____ jugar vóleibol. (*querer*)

25. Yo _____ doce horas al día. (*dormir*)

B. Complete the sentences by matching the phrases in columns A and B.

A	**B**
1. El señor Jones	**a.** cuentas tu dinero.
2. En casa, mis hermanos y yo	**b.** duermes al día?
3. ¿Duermen	**c.** quiere aprender español.
4. Y tú,	**d.** vuelve usted?
5. ¿Cuándo	**e.** dormimos mucho.
6. Mis padres	**f.** cuento todo.
7. ¿Cuántas horas	**g.** ustedes la siesta?
8. Si quieres, yo te	**h.** quieren ir de viaje.
9. Tú	**i.** volvemos de la escuela a
10. Nosotros	la una.
	j. ¿piensas venir?

C. Write the *usted* or *ustedes* command form of the verb as appropriate.

MODEL: Puede comprar esa camisa. *Compre esa camisa.*
Pueden comprar esa camisa. *Compren esa camisa.*

1. Puede contar conmigo.
2. Pueden comer todo.
3. Puede decidir mañana.
4. Pueden sentarse aquí.
5. Puede tomar el lápiz.
6. Pueden hablar ahora.
7. Puede beber el jugo.
8. Pueden contestar la pregunta.
9. Puede esperar un momento.
10. Pueden terminar la lección.

10.
No le entiendo

ANTES DE LEER: *¿Qué haces cuando no entiendes lo que alguien te dice?*

Un francés muy rico, cansado de trabajar, acaba de vender° su negocio.° Un amigo suyo le escribe una carta invitándolo a pasar unos días en su casa en Argentina. El francés decide ir y se
5 compra el billete de avión.

Después de un viaje de once horas, llega a Buenos Aires y va a la casa de su amigo, que está muy contento de verlo.

acaba de vender has just sold
negocio business

El primer día, el francés sale temprano a
10 pasear por la ciudad. Le gusta mucho Buenos
Aires: sus grandes avenidas, sus plazas y
monumentos, sus edificios y la vegetación.

A la mañana siguiente,° vuelve a salir a
caminar y pasa delante de una iglesia. En ese
15 mismo momento, están saliendo las personas de
la iglesia. Es una boda,° y el francés quiere saber
quién acaba de casarse.° Entonces va y pregunta
en francés a un porteño° el nombre del novio.°
El porteño se encoge de hombros° y responde:
20 —No le entiendo.

El francés cree que el nombre del novio es
Nolen Tiendo.

Al mediodía, se encuentra con otro grupo de
personas en la calle. Ve a un hombre tendido°
25 en el suelo,° víctima de un accidente.

—¿Quién es este hombre? —pregunta en
francés. Y vuelve a recibir la misma respuesta:

—No le entiendo.

El francés se pone triste y piensa: "¡Pobre!
30 Hace tan poco tiempo° que este joven se ha
casado° y ahora está a punto de morir".°

Por la tarde, se encuentra con un cortejo
fúnebre.° Se acerca a una mujer que llora
amargamente° y le hace su pregunta
35 acostumbrada.° Ella le contesta:

—No le entiendo.

El francés no lo puede creer: "Pobre señor
Nolen Tiendo: casado, accidentado° y muerto°
en un solo día".

A la mañana siguiente
The next morning

boda wedding
casarse to get married
porteño native of
Buenos Aires
novio groom
se encoge de hombros
shrugs his shoulders

tendido lying
suelo ground

Hace tan poco tiempo
A short time ago
se ha casado has
gotten married
a punto de morir
about to die
cortejo fúnebre
funeral procession
llora amargamente
crying bitterly
**su pregunta
acostumbrada** his
usual question
accidentado victim of
an accident
muerto dead

53

◆ COMPRENSIÓN ◆

A. Resume el cuento emparejando las frases de la columna A con las frases de la columna B.

A	B
1. El rico negociante acaba de	**a.** Buenos Aires.
2. Ha recibido una invitación	**b.** es Nolen Tiendo.
3. El francés compra el billete y viaja a	**c.** a un hombre tendido en el suelo.
4. Un día, pasa delante de	**d.** vender su negocio.
5. Al preguntar el nombre del novio,	**e.** una iglesia.
6. El francés cree que el nombre del novio	**f.** un porteño contesta: —No le entiendo.
7. A las doce, ve	**g.** recibe la misma respuesta: —No le entiendo.
8. El francés se pone triste	**h.** "Pobre Nolen Tiendo: casado, accidentado y muerto en un día".
9. Cuando pregunta el nombre de la víctima del accidente,	**i.** al ver a la víctima del accidente.
10. Al oír lo que dice la mujer, el francés piensa:	**j.** de un amigo que vive en Argentina.

B. Contesta las preguntas con oraciones completas.

1. ¿Qué acaba de vender el francés?
2. ¿De quién recibe una invitación?
3. ¿Dónde vive esa persona?
4. ¿Le gusta al francés Buenos Aires? ¿Qué le gusta de la ciudad?
5. ¿Por dónde pasa el francés el segundo día que sale a pasear?
6. ¿Qué le contestan cuando pregunta el nombre del novio?
7. ¿Qué más ve el francés a las doce y por la tarde?
8. ¿Qué cree el francés?

C. ¿Y tú?

  1. ¿Te gustaría poder viajar a menudo?

  2. ¿Qué lugares te gustaría conocer?

  3. ¿Te gustaría ir en avión, en barco, en tren o en carro?

  4. ¿Con quién te gustaría ir?

  5. ¿Crees que los viajes son una buena experiencia cultural? ¿Por qué?

  6. ¿Conoces a personas de otros países?

  7. ¿Crees que hay mucha diferencia entre la gente de tu país y los extranjeros?

◖ VOCABULARIO ◗

A. Word Building: In Spanish, the suffix *-ería* is usually added to the stem of certain nouns to denote the name of the shop or store where the corresponding object is sold. The suffix *-ero* or *-era* indicates the person who sells that particular object. Follow the model and tell what the new words mean.

MODEL: reloj – relojero, relojera – relojería
       watch – watchmaker – watch shop

  1. libro

  2. zapato

  3. joya

  4. pastel

  5. helado

B. Word Groups: Find words in the story that belong to the same family as those below and tell what each word means.

1. muerte	**6.** llegada
2. negociante	**7.** gusto
3. nombrar	**8.** casamiento
4. venta	**9.** accidental
5. paseo	**10.** billetero

C. Nouns and Adjectives: Form adjectives from the following nouns and tell what each word means.

MODEL: riqueza – rico, rica
wealth, riches – wealthy, rich

1. belleza
2. pobreza
3. tristeza
4. grandeza
5. altura

D. Synonyms: Match the words of similar meaning.

A	**B**
1. entender ·	a. boda
2. casamiento	b. tristemente
3. marido	c. tierra
4. amargamente	d. comprender
5. suelo	e. esposo

✴ ESTRUCTURAS ✴

Complete the following passage with the correct infinitives from those given below.

Una señora muy rica, cansada de **(1)** _____, acaba de **(2)** _____ su negocio. Una amiga la invita a **(3)** _____ unas semanas en su casa. La señora decide **(4)** _____ y viaja a la casa de su amiga. Al **(5)** _____ al aeropuerto, su amiga la está esperando y está muy contenta de **(6)** _____.

Esa tarde, las dos amigas salen a **(7)** _____ por la ciudad y vuelven a la casa por la noche. A la mañana siguiente, las dos vuelven a **(8)** _____ a caminar y van a un restaurante a **(9)** _____.

trabajar	ir	llegar	salir	comer
vender	pasar	verla	pasear	

◖ VERBOS ◗

A. **Complete** the following sentences using the present tense of the verbs in parentheses.

1. Los libros _____ en el agua. *(caer)*
2. Los niños no me _____. *(oír)*
3. Nosotras _____ todo. *(traer)*
4. ¿En qué día _____ Navidad? *(caer)*
5. Nosotros _____ las noticias. *(oír)*
6. Patricia _____ su bicicleta. *(traer)*
7. Tú y yo _____ en la nieve. *(caer)*
8. Ustedes no _____ nada. *(oír)*
9. ¿Cuándo _____ ellos el nuevo sofá? *(traer)*
10. Ustedes _____ en la arena. *(caer)*
11. ¿Qué _____ tú en el bolsillo? *(traer)*
12. Yo no te _____. *(oír)*
13. Yo _____ al suelo. *(caer)*
14. Yo _____ mi almuerzo. *(traer)*
15. ¿Me _____ tú ahora? *(oír)*

B. **Rewrite** these sentences changing the verbs from the present perfect to the present tense.

1. He oído las noticias de hoy.
2. Me han traído una mesa nueva.
3. Hemos caído al agua.
4. ¿Has oído eso?
5. He traído un libro a la clase.
6. José ha escrito una carta.
7. Los chicos me han dicho que no vienes.
8. Esta noche he hecho la tarea.
9. Yolanda y yo hemos cubierto la mesa.
10. Tú has abierto la puerta.
11. ¿Han visto su camisa nueva?
12. Ellos han roto la computadora.
13. He descubierto muchas cosas interesantes.
14. ¿Has vuelto temprano?
15. Ha muerto muy joven.

C. Identify the past participle in each sentence of exercise B and write the corresponding infinitive.

D. Rewrite these sentences using the *tú* command form of the main verb.

MODEL: Puedes responder a la pregunta. *Responde a la pregunta.*

1. Puedes hablar conmigo.
2. Puedes comer todo.
3. Puedes decidir mañana.
4. Puedes volver aquí.
5. Puedes escribir con lápiz.
6. Puedes dormir si quieres.
7. Puedes tomar el agua.
8. Puedes contar los libros.
9. Puedes traer la silla.
10. Puedes traducir el texto.

11.
¿Cómo aprenden
los niños?

ANTES DE LEER: *¿Prefieres estudiar por tu cuenta° o con alguien? ¿Por qué?*

por tu cuenta by yourself

Violeta está estudiando porque mañana tiene un examen y quiere estar muy bien preparada. Su padre está sentado en su butaca° leyendo el periódico.

butaca armchair

5 —Papá —dice ella tímidamente—, ¿te puedo hacer algunas preguntas?° Así me ayudas con la clase de geografía. Es que quiero sacar una buena nota° en mi examen.

hacer algunas preguntas to ask some questions
sacar una buena nota to get a good grade

—¡Cómo no, hija! A ver, pregúntame lo que
quieras° —dice el padre dejando a un lado° el
periódico.

—Bueno, dime. . . ¿cuál es la capital de El
Salvador? —pregunta la niña.

—San José —responde el padre.

—Oye, papá, me parece que San José es la
capital de Costa Rica.

—Ah, ya sé —dice él—. Y lleva también
nombre de santo. ¿No es Santo Domingo?

—Tampoco. Santo Domingo es la capital de
la República Dominicana —dice la niña.

—¿Sabes lo que es el ombú?° —pregunta
Violeta.

—Eso sí lo sé. Lo tengo en la punta de la
lengua.° Humm. . . Se me olvidó.°

—¿Sabes dónde están las Cataratas° de
Iguazú? —pregunta Violeta.

—¿Las Cataratas de Iguazú? Están en Bolivia.

Violeta se da cuenta de que° su padre no
sabe las respuestas y se calla.° Su padre vuelve a
leer° el periódico pero cree que le pasa algo° a
su hija.

—¿Qué te pasa, hijita? —pregunta él.

—Nada, papá, —dice Violeta.

—¿No quieres hacerme más preguntas?
—pregunta él.

—Tengo muchas preguntas pero no quiero
molestarte.° Veo que estás cansado y con ganas
de° leer el periódico —contesta ella.

El padre deja el periódico otra vez y dice:

—¡Qué tontería!° ¡Hazme más preguntas, por
favor! ¿Cómo vas a aprender si no me haces
preguntas?

lo que quieras whatever you want
dejando a un lado putting aside

ombú a tree found in South America's southern region
en la punta de la lengua on the tip of my tongue
Se me olvidó I forgot
Cataratas Waterfall

se da cuenta de que realizes that
se calla keeps quiet
vuelve a leer reads (the paper) again
le pasa algo something is wrong with her

molestarte bother you
con ganas de feel like

¡Qué tontería! How silly!

⌒ COMPRENSIÓN ⌒

A. Contesta las preguntas con oraciones completas.

1. ¿Qué está haciendo Violeta?
2. ¿Qué tiene ella mañana?
3. ¿Qué está haciendo su padre?
4. ¿Qué le pide Violeta a su padre? ¿Por qué?
5. ¿Cuál es la primera pregunta que Violeta hace a su padre?
6. ¿Sabe el padre cuál es la capital de El Salvador?
7. ¿Sabe lo que es el ombú?
8. ¿Y sabe él dónde están las Cataratas de Iguazú?
9. ¿Por qué no le hace más preguntas Violeta?
10. ¿Qué le contesta su padre?

B. ¿Y tú?

1. ¿Te dan miedo los exámenes?
2. ¿Estudias mucho cuando tienes exámenes?
3. ¿Te gusta estudiar un poco todos los días o sólo cuando tienes exámenes?
4. ¿Te gusta estudiar en grupo? ¿Cuáles son las ventajas o desventajas?
5. ¿Tienes un compañero o una compañera de estudio? ¿Cómo se llama?
6. ¿Dónde estudias: en casa, en la biblioteca o en casa de un(a) amigo(a)?
7. ¿Sacas buenas notas?
8. ¿Cuál es la clase más difícil para ti?

⌒ VOCABULARIO ⌒

A. Word Groups: Find words in the story that belong to the same family as those below and tell what each word means.

1. examinar	6. preparación
2. leyenda	7. ayuda
3. timidez	8. tonto
4. responder	9. cansar
5. molestia	10. contar

B. Synonyms: Find words of similar meaning in the story.

1. sillón
2. diario
3. calificación
4. prueba
5. deseo

C. Cognates: Find cognates in the story for the following English words.

1. periodical
2. to aid
3. prepared
4. timidly
5. exam

6. geography
7. capital
8. saint
9. responses
10. class

D. Sentence Completion: Complete each sentence with an appropriate word from the story.

1. El _____ es un árbol de América del Sur.
2. La capital de la República Dominicana es _____.
3. La _____ es como un sillón.
4. Mañana voy a _____ examen de matemáticas.
5. San Salvador es la _____ de El Salvador.
6. Para saber las noticias, es necesario leer el _____.
7. Las _____ de Iguazú están entre Brasil y Argentina.

⊰ ESTRUCTURAS ⊱

Complete the following passage with the correct phrases from those given on the next page.

El niño está estudiando porque el lunes va a **(1)** _____. Entonces, pregunta a su padre:

—¿Me puedes **(2)** _____? Es que quiero **(3)** _____ en mi examen de geografía.

—**(4)**¡ _____, hijo! —dice el padre, **(5)** _____ el periódico—. A ver, ¿dónde están las Cataratas del Niágara?

—**(6)** _____.

—No te acuerdas. ¿Y las Cataratas de Iguazú?

—**(7)** _____. Están entre Argentina y Brasil.

—Muy bien.

cómo no	sacar una buena nota
eso sí lo sé	no me acuerdo
dejando a un lado	ayudar
tener un examen	

◖◗ VERBOS ◖◗

A. *Divertir, divertirse,* and *sentir:* Complete the following sentences using the present tense of the verbs in parentheses.

1. El fútbol me _____. *(divertir)*

2. El joven _____ mucho dolor. *(sentir)*

3. El niño no _____ nunca. *(divertirse)*

4. ¿Tú _____ frío? *(sentir)*

5. Ellos _____ mucho en la escuela. *(divertirse)*

6. Juan y yo _____ a todos los amigos. *(divertir)*

7. Los padres _____ a sus hijos con juegos. *(divertir)*

8. Nosotros lo _____. *(sentir)*

9. Tú _____ a tu clase. *(divertir)*

10. Ustedes no _____ nada. *(sentir)*

11. Ustedes _____ cuando van al teatro. *(divertirse)*

12. Yo _____ a mi familia con mis chistes. *(divertir)*

13. Yo _____ el calor. *(sentir)*

14. Yo _____ mucho cuando voy al cine. *(divertirse)*

15. ¿Por qué tú no _____ más? *(divertirse)*

B. **Match** the irregular gerunds with their infinitives.

	A		**B**
1.	creyendo	**a.**	ir
2.	oyendo	**b.**	caer
3.	yendo	**c.**	traer
4.	leyendo	**d.**	creer
5.	trayendo	**e.**	leer
6.	cayendo	**f.**	oír

C. Rewrite these sentences changing the verbs from the present progressive to the present tense.

1. ¿Estás leyendo el periódico de hoy?
2. Las niñas están oyendo las noticias.
3. El agua está cayendo al suelo.
4. Estamos trayendo la comida.
5. Tomás está yendo a su casa.
6. Te estoy oyendo.
7. ¿Qué estás creyendo?
8. Ellos están yendo para la ciudad.
9. Estamos leyendo el libro.
10. Está cayendo nieve.

D. Rewrite these sentences using the *tú* command form of the main verb.

MODEL: Tú puedes hacerlo. *Hazlo.*

1. Tú me puedes decir.
2. Tú puedes irte.
3. Tú puedes ponerlo aquí.
4. Tú puedes venir conmigo.
5. Tú me lo puedes dar.
6. Tú puedes salir ya.
7. Tú puedes traerlo.
8. Tú me lo puedes contar.
9. Tú me puedes hablar ahora.
10. Tú puedes viajar mañana.

E. Match the affirmative and negative familiar commands.

A	B
1. ¡No me digas mentiras!	a. ¡Ten miedo de decir mentiras!
2. ¡No seas tonto!	
3. ¡No tengas miedo de decir la verdad!	b. ¡Ven sola!
	c. ¡Estudia en grupo!
4. ¡No vengas con tus amigas!	d. ¡Sé inteligente!
5. ¡No me traigas agua!	e. ¡Vete más tarde!
6. ¡No te vayas ahora!	f. ¡Dime la verdad!
7. ¡No estudies solo!	g. ¡Tráeme jugo!

12.
Diez mil pesos
más rico

Antes de leer: ¿Has encontrado alguna vez
mucho dinero en el lugar menos pensado?

El día no ha comenzado muy bien para
Marcos y está en apuros.° Su reloj despertador°
no ha sonado y por eso se ha levantado tarde;
en una hora tiene cita con el dentista y, para
5 colmo de males,° su carro tiene una llanta
pinchada.° No hay más remedio que salir y

en apuros in a hurry
reloj despertador
  alarm clock

para colmo de males
  to make matters
  worse
llanta pinchada flat tire

tomar un taxi. Dentro del taxi, Marcos descubre
que solamente tiene un billete° de diez mil
pesos. "¿Cómo hago para pagar el taxi? ¡Un
10   taxista no tiene cambio° para un billete tan
grande!" piensa Marcos.

Sin embargo, tratando de ser optimista, se
dice que los taxistas hacen muchas carreras°
temprano en la mañana.

15   "Pero aún así, el billete de diez mil es muy
grande" sigue pensando Marcos. Entonces le
pide al chofer° que pare° en el banco más
cercano. Marcos entra al banco, llega a una
ventanilla° y le pide a la cajera° el favor de
20   cambiarle el billete. La cajera accede.° Marcos,
como es su costumbre, cuenta el dinero.

—Señorita —le dice—, Ud. ha cometido un
error.

—Yo no me equivoco° —le contesta la
25   cajera.

—Pero, señorita, Ud… .

—Señor —responde ella—, ya le dije que
aquí no cometemos errores.

Marcos trata una vez más de mostrarle el
30   billete de diez mil que la cajera le devolvió y le
dice:

—Mire, señorita, Ud. me ha dado…

Fastidiada,° la cajera le interrumpe:

—Señor, por tercera y última vez le digo que
35   aquí en el banco no nos equivocamos. ¡Eso le
pasa a una por querer ayudarle a gente como
Ud.!

Marcos no quiere salir del banco con el
billete de diez mil pesos más° el cambio que le
40   dio la cajera, así que le dice:

—Bueno, señorita, como Ud. nunca se
equivoca, ¡le regalo° estos diez mil pesos como
premio de la perfección!°

billete bill *(money)*

cambio change
(money)

carreras trips

chofer driver
pare to stop
ventanilla window
cajera cashier
accede agrees

no me equivoco I don't
make mistakes

Fastidiada Annoyed

más plus

regalo I'll give
**premio de la
perfección** prize
for being perfect

◄◎ COMPRENSIÓN ◎►

A. Completa las oraciones con la palabra o frase apropiada.

1. Para Marcos el día comienza (muy bien, regular, mal).
2. El reloj despertador (sonó temprano, sonó diez minutos tarde, no sonó).
3. El carro de Marcos está (funcionando, sin gasolina, con una llanta pinchada).
4. Para pagar el taxi Marcos cree que (dejó su dinero en casa, perdió su dinero, el billete es muy grande).
5. Marcos le dice al taxista que (no tiene dinero, le cambie el billete, pare en el banco).
6. La cajera acepta (cambiar el billete, cometer errores, salir del banco).
7. La insistencia de Marcos muestra que él es (honesto, deshonesto, ridículo).
8. La actitud de la cajera es (muy responsable, responsable, irresponsable).
9. La cajera de nuestro cuento es una persona (amable, simpática, de mal humor).
10. Cuando sale del banco, Marcos tiene (el mismo, menos, más) dinero que cuando entró.

B. Contesta las preguntas con oraciones completas.

1. ¿Qué clase de transporte usa Marcos cuando su carro no funciona?
2. ¿Con quién tiene cita Marcos?
3. ¿Qué le preocupa a Marcos cuando está sentado dentro del taxi?
4. ¿Qué piensa Marcos que hacen los taxistas por la mañana?
5. ¿Adónde va Marcos para solucionar su problema?
6. ¿Qué costumbre tiene Marcos cuando recibe dinero?
7. ¿Por qué le "regala" Marcos el billete a la cajera?

C. ¿Y tú?

1. ¿Con qué frecuencia vas al dentista?
2. ¿Estás nervioso(a) cuando vas al dentista? ¿Por qué?
3. ¿Qué prefieres, tomar un autobús o un taxi? ¿Por qué?
4. ¿Qué haces si tu día comienza con problemas de transporte?

5. ¿Qué haces cuando vas al banco?

6. ¿Te gustaría trabajar como cajero(a) en un banco? ¿Por qué?

7. ¿Qué haces si se equivocan en el banco o en una tienda y te devuelven más dinero?

⊲ VOCABULARIO ⊳

A. Word Groups: Find a word in the story from the same word family as each of these words and tell what both mean.

1. apurar

2. despertar

3. billetera

4. caja

5. perfecto

B. Synonyms: Find words or phrases of similar meaning in the story and give the meaning of both.

1. taxista

2. billete

3. se ha despertado

4. cometer un error

5. contesta

C. Antonyms: Find words of opposite meaning in the story and tell what both mean.

1. tarde

2. lejano

3. sale

4. primera

5. de buen humor

D. Professions: Complete each sentence with the correct word.

1. La persona que maneja un taxi es _____.

2. La persona que recibe el dinero en una ventanilla es

_____.

3. La persona que arregla los dientes es _____.

4. Quien trabaja con los teléfonos es _____.

5. El/La joven que trabaja en una oficina es _____.

6. Quien juega al tenis es _____.

E. Months: Follow the model and complete the sentences.

MODEL: *El mes de* abril *tiene treinta días.*

   1. _____ junio _____.
   2. _____ septiembre _____.
   3. _____ noviembre _____.
   4. _____ enero _____ treinta y un _____.
   5. _____ marzo _____.
   6. _____ mayo _____.
   7. _____ julio _____.
   8. _____ agosto _____.
   9. _____ octubre _____.
 10. _____ diciembre _____.
 11. _____ febrero _____ o _____.

F. Ordinal Numbers and Months of the Year: Follow the model and complete the sentences.

MODEL: Enero *es el primer mes del año.*

   1. Febrero _____.
   2. Marzo _____.
   3. Abril _____.
   4. _____ quinto _____.
   5. Junio _____.
   6. Julio _____.
   7. _____ octavo _____.
   8. Septiembre _____.
   9. Octubre _____.
 10. ____ undécimo _____.
 11. _____ último mes del año.

⊰ ESTRUCTURAS ⊱

Form sentences using the words in the order given. You will have to change the form of some words and you might have to add some articles and prepositions.

   1. reloj / despertador / haber / sonar / tarde.
   2. Marcos / estar / apuro.
   3. él / descubrir / no / tener / dinero.
   4. ¿cómo / hacer / yo / pagar / taxi?
   5. taxistas / hacer / mucho / carrera / por / mañana.
   6. ahora / chofer / parar / banco / más cercano.

7. Ud. / haber / cometer / error.
8. Marcos / tratar / mostrar / billete / cajera.
9. aquí / banco / no / equivocarse.
10. Marcos / correr / salida / banco.

✒ VERBOS ✑

A. Complete the sentences using the present tense of *sentarse* or *acostarse.*

sentarse
1. Yo _____ para comer.
2. Teresa _____.
3. Después de entrar, Roberto y yo _____.
4. Tú _____ al lado de tu hermano.
5. Uds. _____ cuando llega el profesor.

acostarse
6. Tú _____ temprano.
7. Él _____.
8. Pablo y María _____ tarde.
9. El niño _____.
10. Yo _____ para dormir la siesta.

B. Complete the sentences using the present perfect of *sentarse.*

haber / sentarse
1. Yo _____ _____ _____ en la oficina.
2. Paquita _____ _____ _____.
3. Nosotros _____ _____ _____.
4. Tú _____ _____ _____ en la silla.
5. Los jóvenes _____ _____ _____.

C. Change the verbs from the future to the present perfect tense.

1. abriré	6. cubrirás
2. descubrirá	7. traerá
3. caerás	8. volveremos
4. escribirán	9. morirá
5. venderán	10. creerás

D. Change the verbs from the present to the present progressive.

1. vuelve	6. traigo
2. escriben	7. hago
3. caes	8. creen
4. dices	9. veo
5. abren	10. doy

13.
La farmacia

ANTES DE LEER: *¿Tu familia va siempre a la misma farmacia? ¿Conocen bien al farmacéutico° o a la farmacéutica?*

farmacéutico
pharmacist

Don Felipe es propietario° de una farmacia. Vive en el pueblo de Salinas, en las afueras° de Ponce, Puerto Rico. Don Felipe es un hombre muy conocido° en su pueblo. Todo el mundo
5 lo consulta cuando necesita ayuda. Para los habitantes de Salinas, don Felipe no es sólo un simple farmacéutico, sino también médico, abogado y amigo.

propietario owner
afueras outskirts

conocido well-known

71

Estando un día don Felipe en su farmacia,
10 entra corriendo Jorge, un niño de ocho años, y
le pide algo para el dolor de estómago. El
farmacéutico, sin examinar al muchacho, toma
una botella que contiene un líquido amarillo y se
lo sirve a Jorge en un vaso, diciendo:
15 —¡Bebe esto y bébelo todo!°   **bébelo todo** drink it all
—Pero, don Felipe. . . —dice el niño
tratando de° explicarle algo.   **tratando de** trying (to)
—Niño, no tengo tiempo para discutir.°   **discutir** argue
¡Bébelo sin protestar!°   **sin protestar** without
20 —Pero, don Felipe. . . —vuelve a decir el   complaining
muchacho.
—Bebe la medicina y después hablamos.
El muchacho mira la medicina sin saber qué
hacer y luego bebe un poco. El farmacéutico lo
25 mira y dice:
—No, no. ¡Bébelo todo!
Y el niño bebe toda la medicina del vaso.
Entonces, don Felipe dice al niño:
—Muy bien, muchacho. ¿Qué es lo que
30 quieres decirme?
—Le quiero decir que es mi hermano el que
tiene dolor de estómago.

ᓚᕋ COMPRENSIÓN ᓂᕉ

A. Completa las oraciones con la palabra o frase apropiada.

1. En la farmacia se venden
   a. carros.
   b. medicinas.
   c. animales.
   d. casas.

2. La medicina es de color
   a. negro.
   b. blanco.
   c. rojo.
   d. amarillo.

3. Don Felipe
   a. examina a Jorge.
   b. habla con Jorge antes de darle la medicina.
   c. bebe algo para el dolor de estómago.
   d. le da a Jorge algo para el estómago.

4. El niño
   a. no bebe la medicina y se va.
   b. sólo bebe un poco de la medicina y se va.
   c. bebe la medicina y sale corriendo.
   d. bebe toda la medicina y después dice que su hermano es el enfermo.

5. Don Felipe
   a. no es muy conocido en su pueblo.
   b. es muy conocido en todo Puerto Rico.
   c. vive en la ciudad de Sevilla.
   d. es muy conocido en su pueblo.

B. Contesta las preguntas con oraciones completas.
   1. ¿Cómo se llama el propietario de la farmacia?
   2. ¿Dónde vive?
   3. ¿Es conocido don Felipe? ¿Por qué?
   4. ¿Quién entra a la farmacia?
   5. ¿Qué pide al farmacéutico?
   6. ¿Qué le da de tomar al niño?
   7. ¿Qué hace el niño?
   8. ¿Está el niño realmente enfermo? ¿Quién está enfermo?

C. ¿Y tú?
   1. ¿Vives en un pueblo pequeño o en una ciudad grande?
   2. ¿Cuántos habitantes tiene?
   3. ¿Conoces a tus vecinos? ¿Los conoces bien?
   4. ¿Conoces a otras personas de tu barrio? ¿A quiénes?
   5. ¿Cuáles son las ventajas de vivir en un lugar donde todos se conocen?
   6. ¿Qué desventajas tiene?
   7. ¿Prefieres vivir en un pueblo pequeño o en una ciudad grande?
   8. ¿Es importante la comunidad para ti?
   9. ¿Crees que el farmacéutico de la historia es irresponsable? ¿Por qué?

‹⨀ VOCABULARIO ⨀›

A. Word Groups: Find words in the story that belong to the same family as those below and tell what each word means.

1. habitar
2. examen
3. poblar
4. consultar
5. conocer

6. propiedad
7. sirviente
8. niñez
9. protesta
10. mirada

B. Synonyms: Find words of similar meaning in the story.

1. dueño
2. reside
3. residentes
4. remedio
5. boticario

C. Nouns and Verbs: Match each noun with its corresponding verb.

A	B
1. dolor	a. habitar
2. explicación	b. consultar
3. habitante	c. discutir
4. necesidad	d. ayudar
5. ayuda	e. doler
6. discusión	f. necesitar
7. consulta	g. explicar

D. Related Nouns: Match the nouns in column A with their related nouns in column B.

A	B
1. médico	a. farmacia
2. abogado	b. abogacía
3. amigo	c. medicina
4. farmacéutico	d. pueblo
5. poblador	e. amistad

⟨⟨ ESTRUCTURAS ⟩⟩

Complete each sentence with the gerund or infinitive form of the verb in parentheses.

1. Deja de _____. *(hablar)*
2. El niño entra _____. *(correr)*
3. José acaba de _____. *(llegar)*
4. ¿Por qué estás _____? *(llorar)*
5. Las chicas salen _____. *(cantar)*
6. Me gusta mucho _____. *(leer)*
7. Nosotros venimos a _____. *(hablar)*
8. Quiero _____ a la casa. *(entrar)*
9. ¿Por qué no puedes _____ hoy? *(venir)*
10. Tengo que _____ a mi casa. *(volver)*
11. Tu hermana y yo vamos a _____ tenis. *(jugar)*
12. Veo _____ a un grupo de chicas. *(pasar)*
13. Yo voy a _____. *(caminar)*
14. Yo voy _____. *(correr)*

⟨⟨ VERBOS ⟩⟩

A. Reflexive Verbs: Complete the following sentences using the present tense of the verbs in parentheses.

1. Dalia _____ muy tarde. *(acostarse)*
2. ¿Por qué tú no _____? *(sentarse)*
3. Javier _____ viendo la televisión. *(divertirse)*
4. Las chicas _____ en el suelo. *(sentarse)*
5. Nosotras _____ en el parque. *(divertirse)*
6. Los chicos _____ en el sofá. *(acostarse)*
7. Yo siempre _____ mucho. *(divertirse)*
8. ¿Por qué no _____ tú? *(acostarse)*
9. Mi compañero y yo _____ en el jardín. *(sentarse)*
10. Nosotros _____ a las nueve. *(acostarse)*
11. Los niños _____ con el perro. *(divertirse)*
12. Yo no _____ en esa silla sucia. *(sentarse)*
13. ¿Cómo _____ tú? *(divertirse)*
14. Yo _____ temprano. *(acostarse)*
15. ¿Por qué no _____ tú en esa butaca? *(sentarse)*

B. Rewrite sentences 1–15 from exercise A changing the verb from the present to the present perfect tense.

C. Rewrite the following sentences changing the underlined verbs from the present to the present progressive tense.

   1. <u>Cae</u> nieve.

   2. Los chicos <u>oyen</u> la radio.

   3. <u>Decimos</u> la verdad.

   4. Tú <u>lees</u> muchos libros.

   5. Te <u>traigo</u> tus cosas.

D. ¡Hazlo! Rewrite these sentences using the *tú* command form of the main verb.

   MODEL: —Yo lo voy a hacer.
           —*Pues, hazlo.*

   1. —Yo quiero decirlo.

     _____

   2. —Yo quiero irme.

     _____

   3. —Yo quiero ponerlo en su lugar.

     _____

   4. —Yo quiero venir temprano.

     _____

   5. —Yo quiero darte el libro.

     _____

   6. —Yo quiero salir ahora.

     _____

   7. —Yo quiero traerlo.

     _____

   8. —Yo quiero contarte todo.

     _____

   9. —Yo quiero hablar ahora.

     _____

  10. —Yo quiero viajar mañana.

     _____

14.
¿Para qué sirven los ladrones?° (1ª parte)

ladrones thieves

ANTES DE LEER: *¿Te gusta el silencio o prefieres el bullicio?° ¿Por qué?*

bullicio noise, hustle and bustle

El señor Raimundo es gerente° de una tienda de música. En su tienda se vende todo tipo de instrumentos musicales: para orquestas,° para bandas y para conjuntos musicales° modernos o
5 populares. El señor Raimundo no puede

gerente manager

orquestas orchestras

conjuntos musicales musical groups, ensembles

soportar° la música moderna. Él prefiere la
música clásica. La música moderna le parece°
mala y ruidosa,° pero tiene que oírla todo el día
en la tienda.

10 Cuando regresa a su casa por la tarde, él
quiere un poco de paz y silencio; pero no lo
encuentra. Casi todos los días están las amigas
de su hija en la casa. Están generalmente en la
sala hablando por teléfono, oyendo música o
15 viendo videos. El otro hijo toca la batería° y
otros instrumentos de percusión.° Para
completar,° su esposa toca el piano y no lo toca
bien; y el pequeño perro que tienen ladra° para
acompañar a los músicos.

20 Cuando al fin llega la hora de acostarse, el
señor Raimundo, agotado,° se duerme en un
instante. Pero una noche, a eso de las dos de la
mañana le despierta° la esposa:

—Raimundo, despiértate. Hay alguien en la
25 casa —dice su mujer.°

—¿Cómo lo sabes, Teresa? —pregunta él.

—¡Qué pregunta más absurda! —contesta
ella—. Te digo que hay alguien en la casa. ¿No
lo oyes?

30 ¡No seas tonta,° Teresa! Los ladrones no
hacen ruido.

El señor Raimundo vuelve a dormirse y unos
minutos más tarde, su esposa lo vuelve a
despertar:

35 —¡Raimundo, despierta! Ahora sí que estoy
segura° de que hay ladrones en la casa.

—Ya te he dicho° que los ladrones no hacen
ruido.

—Por eso° te lo digo. Estoy segura de que
40 hay ladrones porque ahora no oigo nada. . .

soportar stand

parece seems

ruidosa noisy

batería drums

percusión percussion

Para completar To top
   it all off

ladra barks

agotado exhausted

despierta wakes up

mujer wife

No seas tonta Don't be
   silly

**Ahora sí que estoy
   segura** Now I really
   am sure

Ya te he dicho I have
   already told you

Por eso That's why

✍ COMPRENSIÓN ✍

A. Completa las oraciones con la palabra o frase apropiada.

1. Cuando el señor Raimundo regresa a su casa, quiere
   a. salir a comer.
   b. paz y tranquilidad.
   c. escuchar música moderna.
   d. escuchar a su esposa tocar el piano.

2. En su casa hay mucho bullicio porque
   a. su esposa toca la batería.
   b. su hija toca instrumentos de percusión.
   c. su hijo toca la batería.
   d. el perro duerme.

3. A las dos de la mañana, la esposa de Raimundo
   a. toma un café.
   b. despierta a su marido.
   c. prepara la comida.
   d. sale a caminar.

4. Teresa dice que
   a. hay alguien en la casa.
   b. su hijo está en la casa.
   c. hay un perro en la casa.
   d. no hay ladrones.

5. Teresa dice que está segura de que hay ladrones porque
   a. están haciendo mucho ruido.
   b. están cantando.
   c. ahora no oye nada.
   d. ahora oye mucho ruido.

B. Contesta las preguntas con oraciones completas.

1. ¿Dónde trabaja el señor Raimundo?
2. ¿Qué puesto tiene en la tienda?
3. ¿Qué tipo de instrumentos se vende en la tienda?
4. ¿Qué tipo de música le gusta al señor Raimundo?
5. ¿Qué le parece la música moderna?
6. ¿Cuántos hijos tiene?
7. ¿Encuentra paz y silencio cuando llega a su casa? ¿Por qué no?
8. ¿Qué pasa esa noche a las dos de la mañana?

C. ¿Y tú?

   1. ¿Qué tipo de música te gusta?
   2. ¿Tocas algún instrumento musical? ¿Qué instrumento?
   3. ¿Cantas? ¿Bien?
   4. ¿Cuál es tu canción o música preferida?
   5. ¿Quién es el compositor o la compositora? ¿Quién la interpreta?
   6. ¿Quién es el cantante o la cantante que más te gusta?

◖ VOCABULARIO ◗

A. Cognates: Spanish words ending in *-al* usually end in *-al* in English as well.

MODEL: musical—musical

Form the English cognate for these Spanish words.

1. sensacional	**11.** ilegal
2. orquestal	**12.** direccional
3. correccional	**13.** fenomenal
4. personal	**14.** animal
5. comunal	**15.** seccional
6. letal	**16.** preferencial
7. opcional	**17.** comercial
8. regional	**18.** esencial
9. emocional	**19.** especial
10. convencional	**20.** criminal

B. Cognates: Spanish words ending in *-nto, -nta,* or *-nte* usually end in *-nt* in English.

MODEL: instrumento—instrument

Form the English cognate for these Spanish words.

1. condimento	**11.** importante
2. testamento	**12.** temperamento
3. contenta	**13.** momento
4. impedimento	**14.** renta
5. permanente	**15.** decente
6. inherente	**16.** ornamento
7. prominente	**17.** armamento
8. constante	**18.** pavimento
9. presente	**19.** consonante
10. ausente	**20.** sargento

C. Word Groups: Find words in the story that belong to the same family as those below and tell what each word means.

1. silencioso
2. bullicioso
3. preferencia
4. vendedor
5. ruido

6. instrumental
7. orquestal
8. maldad
9. compañía
10. seguridad

D. Synonyms: Find words of similar meaning in the story.

1. escuchar
2. mirar
3. momento
4. volver
5. responder

◄ ESTRUCTURAS ►

Prepositions: Complete the following passage by inserting the correct prepositions: *a, de, en, para,* or *por.*

María es gerente **(1)** _____ una tienda **(2)** _____ ropa. **(3)** _____ su tienda se vende todo tipo **(4)** _____ camisas: para hombres y **(5)** _____ mujeres. **(6)** _____ María no le gusta la ropa que hay **(7)** _____ su tienda.

Cuando regresa **(8)** _____ su casa **(9)** _____ la tarde, María prepara la comida y cena. Cuando llega la hora **(10)** _____ acostarse, María va **(11)** _____ su cuarto y se duerme **(12)** _____ un instante.

◄ VERBOS ►

A. Stem-Changing Verbs: Complete the following sentences using the present tense of the stem-changing *e > ie* verbs in parentheses.

1. Francisco _____ mucho. *(pensar)*
2. ¿Cuándo _____ ustedes dejar de hablar? *(pensar)*
3. Los chicos no _____ hacer su tarea. *(querer)*
4. ¿En qué _____ tú? *(pensar)*
5. Mi amigo y yo _____ ir al cine. *(querer)*
6. ¿Cuántos panes _____ tú? *(querer)*
7. Yo no _____ eso. *(pensar)*
8. ¿Por qué _____ ustedes que no quiero ir? *(pensar)*
9. Yo _____ tomar un jugo de naranja. *(querer)*
10. ¿Qué _____ hacer ustedes? *(querer)*

B. More Stem-Changing Verbs: Complete the following sentences using the present tense of the stem-changing *o > ue* verbs in parentheses.

1. Esteban _____ a su casa. *(volver)*
2. ¿A qué hora _____ ustedes? *(dormir)*
3. Hoy yo _____ tarde. *(volver)*
4. La madre _____ un cuento a su hija. *(contar)*
5. ¿Cuántas horas _____ tú? *(dormir)*
6. ¿Cuándo _____ tú? *(volver)*
7. Los niños _____ sus lápices. *(contar)*
8. Mi hermana _____ en su cuarto. *(dormir)*
9. Mis padres _____ mañana. *(volver)*
10. ¿Por qué no me _____ tú? *(contar)*
11. Nosotras _____ temprano. *(dormir)*
12. Nosotros te _____ una parte de la historia. *(contar)*
13. Yo no _____ mucho. *(dormir)*
14. Yo siempre te _____ todo. *(contar)*
15. ¿Por qué no _____ ustedes a llamar? *(volver)*

C. *Poner* and *salir:* Complete the following sentences using the present tense of *poner* or *salir.*

1. Hoy yo no _____. *(salir)*
2. La profesora _____ los exámenes en su mesa. *(poner)*
3. ¿Por qué no _____ ustedes esta tarde? *(salir)*
4. Yo _____ la mesa. *(poner)*
5. Mis amigas y yo _____ a pasear los fines de semana. *(salir)*
6. ¿Dónde _____ ustedes los libros? *(poner)*
7. Su padre _____ temprano del trabajo. *(salir)*
8. ¿Qué _____ tú ahí? *(poner)*
9. ¿A qué hora _____ tú? *(salir)*
10. Nosotros _____ los cuadernos en mi cuarto. *(poner)*

D. Ver, leer, and creer: Complete the following sentences using the present tense of *ver, leer,* or *creer.*

1. ¿Por qué _____ tú en esas cosas? *(creer)*
2. Celia _____ un cuento. *(leer)*
3. ¿Lo _____ tú? *(ver)*
4. ¿Por qué no me _____ ustedes? *(creer)*
5. Los niños _____ muchos libros. *(leer)*
6. ¿Qué _____ ustedes? *(ver)*
7. Mi compañero y yo _____ la lección de hoy. *(leer)*
8. Nosotros te _____. *(creer)*
9. Nosotros _____ la televisión. *(ver)*
10. Yo no _____ nada. *(ver)*
11. Yo _____ en la existencia de extraterrestres. *(creer)*
12. ¿Por qué no _____ tú también? *(leer)*

E. Complete the following dialogue with the present tense of the verbs *ver, leer,* and *creer.*

Míriam: Roque, **(1)** ¿ _____ tú en los extraterrestres?
Roque: Sí, yo **(2)** _____.
Míriam: ¿Y tú, Emilio?
Emilio: Yo no **(3)** _____, lo que no **(4)** _____.
          Ustedes **(5)** _____ todo lo que **(6)** _____ en
          la televisión o **(7)** _____ en el periódico.
Míriam: No es verdad.

15.
¿Para qué sirven los ladrones?
(2ª parte)

ANTES DE LEER: *¿Crees en el refrán° que dice "No hay mal que por bien no venga"?°*

Teresa está segura de que hay alguien en la casa y trata de despertar a su esposo. Pero Raimundo está sumamente° cansado y quiere seguir durmiendo. Su esposa le dice:

5   —Veo que no quieres levantarte. Entonces voy yo sola a ver.

refrán saying

No hay mal que por bien no venga Every cloud has a silver lining

sumamente extremely

Al oír esto, Raimundo se levanta. Baja a la cocina y toma una sartén° enorme. Luego entra a la sala. En la oscuridad° ve a dos hombres que
10 están colocando los instrumentos de su hijo en grandes sacos. El perrito, que ha ladrado todo el día, está ahora totalmente dormido en una butaca.

Cuando los ladrones ven al señor con la
15 sartén se asustan.° Entonces dejan caer los sacos.

—¡Por favor, señor, no nos haga daño!°
—dice uno de ellos—. Nosotros somos ladrones decentes. Como usted puede ver, entramos solamente en casas decentes.

20 —¡Silencio! —grita el señor Raimundo—. ¡No me diga tonterías!° Si no quieren ir a la cárcel,° llévense° también el piano ahora mismo.° ¡Y no se olviden de° llevar el teléfono y el perro!

El señor los acompaña a su camioneta° hasta
25 que lleven todos los instrumentos de su tortura.

sartén skillet
oscuridad darkness

se asustan they are frightened
no nos haga daño don't hurt us

No me diga tonterías Don't tell me nonsense
cárcel jail
llévense take with you
ahora mismo right now
no se olviden de don't forget to
camioneta pickup truck

❦ COMPRENSIÓN ❧

A. Completa las oraciones con la palabra o frase apropiada.

1. Cuando su esposa lo llama, el señor Raimundo
   a. se levanta enseguida.
   b. sale corriendo.
   c. llama a la policía.
   d. sigue durmiendo.

2. La cocina está
   a. al lado del dormitorio.
   b. arriba.
   c. abajo.
   d. afuera.

3. El perro no ladra porque
   a. tiene miedo.
   b. está afuera.
   c. está durmiendo.
   d. no quiere.

4. Los ladrones están
   a. bailando.
   b. colocando los instrumentos en sacos.
   c. colocando los sacos en la cocina.
   d. arriba.

5. Los dos hombres creen que el señor Raimundo
   a. tiene miedo.
   b. les va a hacer daño.
   c. tiene dos pianos.
   d. tiene una butaca.

B. Contesta las preguntas con oraciones completas.
   1. ¿Por qué Raimundo no se levanta enseguida?
   2. Cuando Raimundo no se levanta, ¿qué dice la esposa?
   3. ¿Qué hace entonces Raimundo?
   4. ¿Qué lleva Raimundo en las manos?
   5. ¿Qué ve en la oscuridad?
   6. ¿Qué están haciendo los hombres?
   7. ¿Qué hacen ellos cuando ven a Raimundo? ¿Por qué?
   8. ¿Qué les dice Raimundo?

C. ¿Y tú?
   1. ¿Crees que hay ladrones decentes? ¿Por qué?
   2. ¿Crees que a veces robar está justificado? Explica.
   3. ¿Qué opinas de las personas que roban para comer?
   4. ¿Crees que Raimundo hace bien en bajar a ver?
   5. ¿Qué hay que hacer en un caso como éste?

ᕙ VOCABULARIO ᕷ

A. Cognates: Spanish words ending in -*dad* or -*tad* usually end in -*ty* in English.

MODEL: oscuridad—obscurity

Form the English cognate for these Spanish words.
   1. sinceridad
   2. honestidad
   3. actividad
   4. universidad
   5. felicidad

6. pubertad
7. calidad
8. veracidad
9. creatividad
10. capacidad

B. Diminutives: Form the diminutive of these Spanish words using the suffix *-ito* or *-ita*.

MODEL: perro—perrito

1. casa
2. Teresa
3. cansado
4. sala
5. puerta
6. saco
7. instrumento
8. tienda
9. Raimundo
10. sola

C. Adverbs: Form adverbs from these Spanish adjectives by adding the suffix *-mente* and tell what they mean.

MODEL: total *(Spanish adjective; total)*
       totalmente *(Spanish adverb; totally)*

1. completa
2. real
3. actual
4. precisa
5. exacta
6. seria
7. visible
8. parcial
9. constante
10. continua

ᕯ ESTRUCTURAS ᕟ

Complete the following passage with the necessary phrases from the list given below.

La mujer **(1)** _____ que hay alguien en la casa y
(2) _____ despertar a su esposo. Pero él está cansado y
(3) _____. Su esposa le dice:

    (4) —_____ no quieres levantarte. Voy yo entonces.

    (5) _____ esto, el esposo se levanta, toma una escoba y baja a la sala. **(6)** _____ la puerta, ve a dos hombres que están colocando las cosas de la sala en grandes sacos.

    Cuando los ladrones ven al señor con la escoba
(7) _____ es una escopeta. Entonces **(8)** _____ los sacos y **(9)** _____.

al abrir	dejan caer	sigue durmiendo
al oír	está segura de	trata de
creen que	salen corriendo	veo que

ᕯ VERBOS ᕟ

A. Complete the following sentences using the present progressive of the verbs in parentheses.

    1. ¿Qué _____ tú ahora? *(hacer)*
    2. Nosotros _____ para el examen. *(estudiar)*
    3. Yo _____ una rica ensalada. *(comer)*
    4. Jimena _____ sus libros viejos. *(vender)*
    5. ¿Con quién _____ tú? *(hablar)*
    6. Ellos _____ por toda la ciudad. *(pasear)*
    7. ¿Qué canal _____ ustedes? *(ver)*
    8. ¿Qué música _____ los niños? *(oír)*
    9. Raúl _____ un libro muy interesante. *(leer)*
    10. Las chicas _____ la mesa. *(poner)*
    11. ¿Tú _____ mucha agua? *(beber)*
    12. ¿Qué _____ ustedes? *(pensar)*
    13. Yo _____ todos los días. *(correr)*
    14. Mi hermano _____ la comida. *(preparar)*
    15. Nosotras _____ para tu casa. *(salir)*

B. Rewrite sentences 1–15 from exercise A changing the main verb from the present progressive to the present perfect tense.

C. Rewrite the following sentences changing the main verb from the present to the future tense.

1. Hablo con mi profesor después de clase.
2. ¿Dónde está Víctor?
3. Los niños abren la puerta de su cuarto.
4. Liza lee mucho.
5. Te espero en mi casa.
6. Tú respondes a mis preguntas.
7. Mis hermanos y yo traemos la comida.
8. Ustedes caminan todas las noches.
9. Vuelvo más tarde.
10. Ahora duermes mejor.

16.
Un bombero°
en apuros°

bombero firefighter

en apuros in a fix

ANTES DE LEER: *¿Puedes imaginarte como bombero voluntario? ¿Cómo serías?*

Pepe soñó siempre con ser bombero, pero en el pueblecito donde vivía no había Cuerpo de Bomberos.° En ese pueblecito nunca pasaba nada; no había ninguna clase de emergencia.

5 La vida era tranquila. Con gran esfuerzo° Pepe logró convencer a sus vecinos que convenía° formar un grupo de voluntarios para cualquier

Cuerpo de Bomberos Fire Department

esfuerzo effort
convenía it would be worthwhile

emergencia como un incendio° o para ayudar a
las personas que sufren un ataque cardíaco° o
10 están en peligro de ahogarse. Por fin logró su
propósito.° Su amigo Carlos ofreció su campero°
para transporte en casos de emergencia.

Dos semanas más tarde, después del
almuerzo, desde la plaza principal del pueblecito
15 se oyeron gritos de:

—¡Auxilio! ¡Auxilio! ¡Se quema la casa de
doña Clema allá en la loma!°

Cuatro voluntarios salieron corriendo de sus
casas y se montaron en el campero. Pepe, que
20 estaba acostado echando su siesta, entre sueños
oyó el bullicio;° como pudo° se levantó, y se
puso los zapatos y la camisa. Al llegar a la
puerta de su casa Pepe ya no vio el campero.

—Préstame tu vespa,° Pablo —le dijo al hijo
25 del vecino.

Pepe se montó en la vespa y salió tratando
de alcanzar° el campero que ya había cruzado°
el puente.

Después de apagar el incendio todos los
30 vecinos se reunieron en la plaza principal para
comentar los hechos° y para felicitar a los
bomberos voluntarios. De repente alguien dijo:

—Pepe, has hecho una labor extraordinaria.
Pareces agotado.° ¡Mira cómo está tu ropa!

35 —Ah —dijo Pepe—, la vespa se apagó y se
atrancó° cuando traté de cruzar la quebrada° y
para no perderla en el agua, tuve que echármela
al hombro.

incendio fire
cardíaco heart

propósito proposal
campero jeep

loma hill

bullicio hubbub
como pudo as best he
could

vespa motor scooter

alcanzar to reach
había cruzado had
crossed

hechos events

agotado exhausted,
worn out

se atrancó got stuck
quebrada ravine

91

⬧ COMPRENSIÓN ⬧

A. Completa las oraciones con la palabra o frase apropiada.

1. La vida en el pueblecito de Pepe era (tranquila, intranquila, ocupada).
2. Pepe logró (enojar, conocer, convencer) a sus vecinos.
3. Pasaron (dos meses, tres semanas, dos semanas) antes de la emergencia.
4. En la loma se quema la casa de (Pepe, Carlos, doña Clema).
5. Cuando Pepe estaba echando la siesta, oyó (el bullicio, a doña Clema, a Pablo).
6. Al llegar a la puerta Pepe vio que (el campero, la vespa, la casa de doña Clema) ya no estaba.
7. Para ir a la loma Pepe (se montó en el campero, usó la vespa, corrió).
8. Los voluntarios (buscaron a Pepe, apagaron el incendio, se quedaron en la quebrada).
9. Todos los vecinos fueron a celebrar en (el parque, la plaza, la casa de Pepe).
10. Cuando los vecinos estaban celebrando, Pepe parecía (bien vestido, con hambre, agotado).

B. Contesta las preguntas con oraciones completas.

1. ¿Para qué quiere Pepe un grupo de voluntarios?
2. ¿Qué no había en el pueblecito de Pepe?
3. ¿Con qué soñó siempre Pepe?
4. ¿Cuándo pueden ayudar los voluntarios de nuestro cuento?
5. En nuestro cuento, ¿cuántos voluntarios salieron corriendo?
6. ¿A qué fueron los voluntarios a la casa de doña Clema?
7. ¿Qué hacía Pepe cuando la gente gritaba "¡Auxilio!"?
8. ¿Qué pidió Pepe cuando se levantó? ¿A quién?
9. ¿Qué celebraron los vecinos?
10. ¿Por qué no llegó Pepe al incendio?

C. ¿Y tú?

1. Después de terminar tus estudios, ¿te gustaría vivir en un pueblecito como el de Pepe? ¿Por qué?
2. ¿Cuántos habitantes tiene el pueblo donde vives?
3. ¿Cómo es la vida en ese pueblo?

4. ¿Te gusta montar en vespa? ¿Por qué?

5. ¿Alguna vez has trabajado como voluntario(a) en la escuela? ¿Por qué?

6. ¿Quieres alguna vez trabajar como bombero? ¿Por qué?

7. ¿Has organizado algún grupo para ayudar a tu comunidad? ¿Para qué?

8. ¿Crees que echar la siesta es una buena o mala costumbre? ¿Por qué?

9. Si tienes un incendio en tu casa, ¿qué haces primero?

10. ¿Cómo te parece la personalidad de Pepe?

◖ VOCABULARIO ◗

A. Word Building: Add the prefix *des-* to the following words and give their new meaning.

1. agradable
2. dicha
3. cansar
4. ayuno
5. cuidar

B. Synonyms: Find words of similar meaning in the story and tell what both mean.

1. dormir
2. intentar
3. comida
4. atravesar
5. colina

C. Antonyms: Find words of opposite meaning in the story and tell what both mean.

1. nunca
2. seguridad
3. se acostó
4. llegaron
5. ordinaria

D. Complete each sentence with one of the words listed.

1. Muchos _____ fueron a la plaza.
2. La _____ de Pepe no se quemó.
3. Una _____ es más pequeña que una montaña.
4. Un _____ es un vehículo con motor.
5. El _____ está sobre el río.
6. Siempre voy a _____ a mi amiga en su cumpleaños.
7. La vespa se atrancó en la _____.

loma	casa	vecinos	felicitar
campero	quebrada	puente	

⟪ ESTRUCTURAS ⟫

Form sentences using the words in the order given. You will have to change the form of some words and you might have to add some articles and prepositions.

1. pueblecito / no / haber / Cuerpo / Bomberos.
2. no / haber / ningún / clase / emergencia.
3. Pepe / lograr / convencer / vecinos.
4. Carlos / ofrecer / campero / transporte.
5. cuatro / voluntario / salir / correr / sus casas.
6. Pepe / ponerse / zapatos / camisa.
7. él / montarse / vespa.
8. campero / haber / cruzar / puente.
9. todos / vecino / reunirse / plaza principal.
10. yo / tratar / cruzar / quebrada.

⟪ VERBOS ⟫

A. Complete the sentences with the preterite tense of the verbs shown.

soñar

1. Yo _____ con ser bombero.
2. Ellos _____ con ir a España.
3. Nosotros _____ con un carro nuevo.
4. Tú _____ con una fiesta de cumpleaños.
5. Ud. _____ con sus padres.

correr

6. Yo _____ a la puerta.
7. Paco y yo _____ a la loma.
8. Miranda _____ por la calle.
9. Uds. _____ toda la mañana.
10. Tú _____ hasta la casa de Miguel.

salir

11. Diego _____ de vacaciones.
12. Tú _____ muy temprano para la escuela.
13. Ellas _____ tarde para el trabajo.
14. Yo _____ sin despedirme.
15. Nosotros _____ a tiempo para el cine.

B. Change the verbs from the present perfect to the preterite tense.

1. he intentado
2. has hablado
3. ha pagado
4. hemos gritado
5. han comido

6. he corrido
7. has aprendido
8. ha decidido
9. hemos repetido
10. han recibido

17.

La puntuación

ANTES DE LEER: *¿Qué haces si alguien te hace quedar mal frente a un grupo de personas?*

Fernando Quiñones se graduó de una universidad de Santiago de Chile hace un año. Es un joven de veintidós años, guapo, atlético, inteligente e idealista. Su lema° es: "No maldiga° la oscuridad: encienda° una vela".° Por eso siempre quiso ser° profesor; y, al terminar la universidad, fue a un pueblito del interior de su país a enseñar español en una escuela secundaria.

El primer día de clase dijo a sus alumnos:

lema motto
No maldiga Don't curse
encienda light
vela candle
quiso ser wanted to be

96

10   —Hoy vamos a aprender la importancia de la
puntuación. Les voy a explicar cada uno de los
signos y las reglas correspondientes.°

Blasco, el peor alumno de la clase, quiso
interrumpir la lección, haciendo toda clase de
15   preguntas tontas. Una vez preguntó:

—¿Por qué ponemos el signo de interrogación
y de admiración° al principio y al final de la
oración?

Aunque° esta pregunta era una pregunta
20   válida, el profesor sabía que Blasco no estaba
interesado en la respuesta. Por eso le contestó
de esta forma:

—Se ponen dos signos porque tenemos dos
ojos: un signo para cada ojo. Pero, si pasas por
25   mi despacho° después de clase, trataré de
explicártelo mejor.

Blasco se enojó° porque no pudo fastidiar° al
maestro y siguió interrumpiendo la clase con sus
preguntas tontas. Al ver que el profesor no se
30   molestaba, dijo en voz alta:

—El profesor es ignorante.

Toda la clase se quedó atónita.° El profesor,
sin embargo, se quedó muy tranquilo. En lugar
de castigar° al estudiante, tomó una tiza° y fue a
35   la pizarra. Luego dijo a la clase:

—Vamos a analizar lo que dice su compañero.

Y escribió la siguiente oración: "El alumno
dice que el profesor es ignorante".

—Ahora voy a cambiar el significado° de la
40   oración añadiendo° solamente unas comas y
borrando una de las palabras, pero sin cambiar
las otras.

Entonces tomó la tiza y el borrador° y añadió
una coma después de las palabras *alumno* y
45   *profesor.* Borró la palabra *que.* Luego pidió que
los alumnos leyeran° la oración en voz alta.

Todos, menos Blasco, respondieron:

—El alumno, dice el profesor, es ignorante.

Desde ese día, Blasco nunca más volvió a
50   molestar° en clase.

signos . . .
    correspondientes
    coresponding signs
    and rules

admiración
    exclamation

Aunque Although

despacho office

se enojó got angry
fastidiar annoy

atónita astonished

En lugar de castigar
    Instead of punishing
tiza chalk

significado meaning
añadiendo adding

borrador eraser

pidió. . . leyeran
    asked the students
    to read

nunca. . . molestar
    never bothered (the
    class) any more

◖◗ COMPRENSIÓN ◗◗

A. Forma oraciones emparejando las frases de las columnas A y B.

A	**B**
1. El lema de Fernando es:	**a.** porque tenemos dos ojos.
2. Fernando enseña	**b.** la oración del alumno.
3. El primer día de clase, enseñó	**c.** fastidiar al profesor.
	d. las reglas de puntuación.
4. Blasco es	**e.** no está interesado en la respuesta.
5. Blasco pregunta por qué	
6. El profesor sabe que Blasco	**f.** español.
	g. "El maestro es ignorante".
7. Fernando contesta que se usan dos signos	**h.** no castigar a Blasco.
	i. se usan dos signos de admiración e interrogación.
8. Blasco se enoja porque no puede	**j.** el peor alumno de la clase.
9. Blasco dice en voz alta:	**k.** "No maldiga la oscuridad: encienda una vela".
10. Fernando decide	
11. En lugar de eso, decide analizar	**l.** "El alumno, dice el profesor, es ignorante".
12. La oración final dice:	

B. Contesta las preguntas con oraciones completas.

1. ¿En qué ciudad está la universidad en que estudió Fernando?
2. ¿Cuál es el lema de Fernando?
3. ¿Qué es lo que siempre quiso ser?
4. Al terminar sus estudios, ¿qué hizo?
5. ¿Qué fue a enseñar?
6. ¿Quién es Blasco?
7. ¿Por qué quiso interrumpir la clase?
8. ¿Consiguió fastidiar al profesor? ¿Continuó interrumpiendo la clase?
9. ¿Qué dijo luego en voz alta?
10. ¿Qué decidió hacer el profesor?
11. ¿Volvió Blasco a molestar a la clase desde ese día?

C. ¿Y tú?

    1. ¿Prestas atención en clase o te distraes? ¿Por qué?

    2. ¿Te gusta interrumpir la clase o interrumpir a otras personas cuando hablan? ¿Por qué?

    3. ¿Te gusta cuando alguien te interrumpe?

    4. ¿Te parece chistoso lo que hacía Blasco? ¿Te molestaría?

    5. ¿Qué haces cuando no comprendes algo que acaba de explicar tu profesor o profesora?

    6. ¿Te han castigado alguna vez en el colegio?

    7. ¿Crees que el profesor debió castigar a Blasco?

◖ VOCABULARIO ◗

A. **Word Groups:** Find a word in the story that belongs to the same family as those below and tell what each word means.

    1. ignorar

    2. borrar

    3. castigo

    4. fastidio

    5. explicación

    6. interrogar

    7. admirar

B. **Synonyms:** Find words of similar meaning in the story and tell what each word means.

    1. contestar

    2. estudiante

    3. frase

    4. maestro

    5. molestar

    6. oficina

C. **Antonyms:** Find words of opposite meaning in the story.

    1. principio

    2. claridad

    3. sabio

    4. en voz baja

    5. último

    6. mejor

D. Complete the sentences with a word from those given below.

1. Mi _____ es: "Perseverar siempre".
2. En la pizarra, escribimos con _____.
3. Es difícil encontrar el camino en la _____.
4. La coma, el punto, el punto y coma y los dos puntos son
   _____.
5. Cuando no hay luz eléctrica, encendemos una _____.
6. Necesito borrar esta oración. ¿Dónde está mi _____?
7. La niña quedó _____ al recibir la noticia.

atónito, -a	signos de puntuación
borrador	tiza
lema	vela
oscuridad	

⫷ ESTRUCTURAS ⫸

Complete the following passage with the correct infinitive from the list given below.

Felicita siempre quiso **(1)** _____ profesora y ahora se acaba de **(2)** _____ de la universidad. Felicita estudió lingüística y quiere **(3)** _____ en un colegio. Hoy va a **(4)** _____ con la directora del colegio de un pequeño pueblo en Texas. A Felicita le gustaría **(5)** _____ a los niños que más necesitan. Ella dice que, si estudiamos, podemos **(6)** _____ éxito en la vida.

ayudar	graduar	ser
enseñar	hablar	tener

⫷ VERBOS ⫸

A. Complete the following sentences using the preterite of the verbs in parentheses.

1. Andrea _____ venir a la casa ayer. *(querer)*
2. ¿Por qué ustedes no me lo _____ decir? *(poder)*
3. Arturo y yo no _____ ejercicio el jueves pasado. *(hacer)*
4. ¿Por qué no _____ tú ir conmigo? *(querer)*

5. ¿Qué _____ usted en la sopa? Estaba deliciosa. *(poner)*
6. Dime, Juan, ¿qué _____ ayer? *(hacer)*
7. El niño solamente _____ tonterías. *(decir)*
8. Ellos no _____ verme. *(querer)*
9. ¿_____ tú encontrar la respuesta del problema? *(poder)*
10. ¿Por qué no _____ ustedes su nombre en la hoja?
    (poner)
11. Hilda y yo _____ llamarte por la tarde. *(querer)*
12. Juan, ¿tú le _____ eso a Mercedes? *(decir)*
13. Matías y yo no _____ ir a tu casa después de la clase.
    (poder)
14. Mis padres no me _____ el día que viajan. *(decir)*
15. ¿Por qué ustedes no _____ lo que tienen que hacer?
    (hacer)
16. Nosotras no _____ nada. *(decir)*
17. Nosotros _____ tus libros en tu cuarto. *(poner)*
18. Sofía no _____ ir al concierto. *(poder)*
19. Yo no _____ ir a la fiesta sola. *(querer)*
20. Yo siempre _____ la verdad. *(decir)*
21. Yo _____ la mesa. *(poner)*
22. Yo _____ terminar la tarea solo. *(poder)*
23. Yo _____ toda la tarea. *(hacer)*
24. Alma _____ un arroz riquísimo. *(hacer)*
25. ¿Dónde _____ tú mi borrador? *(poner)*

B. Change the underlined verbs from the present perfect to the
preterite.

1. Ya te <u>he dicho</u> que no voy a ir.
2. ¿Qué me <u>has querido</u> decir?
3. Las chicas no <u>han podido</u> venir.
4. Yo <u>he puesto</u> tu libro sobre la mesa.
5. Julián <u>ha hecho</u> la tarea solo.
6. Mis amigos <u>han querido</u> hablar conmigo.
7. Me <u>han dicho</u> que no vienen.
8. ¿Dónde <u>has puesto</u> la tiza?
9. No <u>he podido</u> encontrar tu cuaderno.
10. <u>Hemos hecho</u> la sopa.

18.
La pequeña astronauta

ANTES DE LEER: *¿Qué profesión te gustaría tener? ¿Qué otras profesiones te gustan? ¿Por qué?*

La familia Cruz acaba de cenar y ahora está reunida en el jardín de su casa. Hace una noche preciosa. No hay una sola nube° en el cielo y se ven las estrellas° y la luna.

5   El señor Cruz mira el cielo y comenta:
   —¡Qué lejos está la luna!

nube cloud

estrellas stars

102

—Sí —dice la señora Cruz—. Está lejos, pero
ya varios astronautas han ido allí. ¡Increíble!

—¡Qué valientes! Tan valientes como°
10 Cristóbal Colón cuando hizo° su viaje a América
—dice el esposo.

tan. . . como as. . . as
hizo made

En ese momento, habla Pepita, niña de cinco
años e hija de los señores Cruz:

—Yo quiero ser astronauta —dice ella—; y
15 algún día llegaré al sol.

—Pero, Pepita —contesta el padre—, tú
siempre me decías que querías° ser médica o
ingeniera. Ahora nos anuncias que quieres ser
astronauta. ¿Sabes que es un trabajo muy
20 peligroso?° Y también, para ser astronauta, hay
que estudiar mucho.

decías que querías
you said you wanted

peligroso dangerous

—Yo voy a estudiar mucho y voy a ser la
astronauta más valiente. ¡Voy a ser más valiente
que Bistobalón!

25 —Cristóbal Colón, hija.

—Ah sí, Bistóbal Colón.

Los padres se ríen y la madre dice:

—Chiquita, yo sé que eres muy valiente;
pero no podrás ir al sol porque es muy, muy
30 caliente. Es un globo de fuego° y te vas a
quemar.°

fuego fire
quemar to burn

—Entonces me voy a poner loción y gafas de
sol como cuando vamos a la playa —responde la
niña.

35 —No es suficiente para protegerte de los
rayos del sol, hija —dice la madre.

—¡Ya sé! —dice la pequeña muy contenta—.
¡Voy a ir al sol por la noche!

◟⧉ COMPRENSIÓN ⧉◞

A. Indica con una *V* si la oración es verdadera y con una *F* si la
oración es falsa. Corrige las oraciones falsas.

1. La familia Cruz ha ido al parque.

2. La familia Cruz va a empezar a comer.

3. Hace un sol muy fuerte.

4. No hay nubes en el cielo.

5. Los astronautas ya han llegado a la luna.
6. Los astronautas ya han llegado al sol.
7. El señor Cruz dice que los astronautas no son valientes.
8. El señor Cruz dice que para ser astronauta hay que estudiar mucho.

B. Contesta las preguntas con oraciones completas.

1. ¿Dónde está la familia Cruz?
2. ¿Qué acaban de hacer?
3. ¿Qué miran?
4. ¿Cómo está la noche?
5. ¿A quiénes compara el señor Cruz?
6. ¿Qué dice Pepita que quiere ser?
7. ¿Adónde quiere ir Pepita?
8. ¿Cómo piensa ir al sol?

C. ¿Y tú?

1. ¿Admiras a los astronautas? ¿Por qué?
2. ¿Qué opinas del viaje a la luna?
3. ¿En qué sentido se puede comparar el viaje a la luna con el viaje de Colón?
4. ¿En cuántos años crees que enviaremos astronautas a Marte?
5. ¿Por qué es importante la exploración espacial?
6. ¿Crees que hay vida en otros planetas? ¿Por qué?
7. ¿Crees que algún día los viajes interplanetarios serán comunes?
8. ¿Por qué debemos cuidar nuestro planeta?

◖◗ VOCABULARIO ◖◗

A. Cognates: Spanish words ending in -*ción* generally end in -*tion* in English and those ending in -*sión* in Spanish generally end in -*sion* or -*ssion* in English. The Spanish words are feminine.

MODEL: educación—education
profesión—profession

Write the English cognate for these Spanish words.

1. sucesión	**11.** reacción
2. progresión	**12.** pensión
3. acción	**13.** obsesión
4. emoción	**14.** impresión
5. noción	**15.** sumisión
6. regresión	**16.** precaución
7. pasión	**17.** adicción
8. creación	**18.** prohibición
9. tensión	**19.** televisión
10. visión	**20.** admisión

B. Cognates: Spanish verbs ending in *-mentar* generally end in *-ment* in English.

MODEL: comentar—to comment

Write the English cognate for these Spanish words.

1. lamentar
2. contentar
3. rentar
4. cimentar
5. fomentar

C. Nouns and Adjectives: Some adjectives can be formed in Spanish by adding *-oso* or *-osa* to the stem of a noun.

MODEL: precio *(Spanish noun)*
     precioso *(Spanish adjective)*

Form adjectives from these Spanish nouns.

1. costo
2. horror
3. deseo
4. peligro
5. nube
6. estudio

D. Adjective Formation: Some adjectives can be formed in Spanish by adding *-iente* to the stem of certain words.

MODEL: calor *(Spanish noun)*
     caliente *(Spanish adjective)*

Form adjectives from these Spanish words.

1. valor
2. ardor
3. dolor
4. descender
5. ascender
6. corresponder
7. vivir
8. salir

E. Synonyms: Match these expressions of similar meaning.

A	B
1. ahora	a. patio
2. momento	b. todo el tiempo
3. jardín	c. en este momento
4. siempre	d. crema
5. globo	e. instante
6. loción	f. pelota

✿ ESTRUCTURAS ✿

A. Rewrite the following sentences according to the model.

MODEL: La luna está lejos. *¡Qué lejos está la luna!*

1. La luna es pequeña.
2. Este libro es interesante.
3. Mario está gordo.
4. Ana es joven.
5. El profesor es bueno.
6. Estos niños son maleducados.
7. La sopa está rica.
8. Tengo frío.
9. Tengo hambre.
10. El joven corre rápido.

B. Rewrite the following sentences according to the model and the clues given.

MODEL: El niño es valiente.
El niño es más valiente que su hermano. *(su hermano)*
El niño es el más valiente de los hermanos.
(los hermanos)

106

1. Beatriz es inteligente.
   a. *(su compañera)*
   b. *(la clase)*
2. Mi hermana es sincera.
   a. *(yo)*
   b. *(todas)*
3. Este libro es caro.
   a. *(ése)*
   b. *(todos)*
4. La profesora de ciencias es joven.
   a. *(el profesor de matemáticas)*
   b. *(de todas las profesoras)*

⟨⟨ VERBOS ⟩⟩

A. Complete the following sentences using the preterite of the verbs in parentheses.

1. ¿Por qué no _____ tú la lección? *(leer)*
2.* El libro _____ al suelo. *(caerse)*
3.* ¿Me _____ tú? *(oír)*
4. Ella _____ todo. *(creer)*
5.* Los chicos _____ la revista. *(leer)*
6.* ¿_____ ustedes eso? *(oír)*
7. ¿Ustedes _____ eso? *(creer)*
8.* Los lápices _____ al agua. *(caerse)*
9.* Mi madre y yo _____ las noticias. *(oír)*
10.* Nosotras _____ los ejercicios. *(leer)*
11. Nosotros _____ lo que dijiste. *(creer)*
12.* Sara no te _____. *(oír)*
13. ¿Cuándo _____ ustedes ese libro? *(leer)*
14. Yo no te _____. *(creer)*
15.* Yo te _____ muy bien. *(oír)*
16.* Yo _____ el periódico. *(leer)*
17. ¿Por qué tú no me _____? *(creer)*

B. Rewrite the sentences from exercise A indicated with an asterisk, changing the main verb from the preterite to the present progressive.

No se habla
español, pero se
vende barato.

19.
Aquí se habla español

ANTES DE LEER: *¿Te gustaría tener tu propio negocio? ¿De qué sería? ¿Qué harías para hacer publicidad de tu negocio?*

Después del inglés, el español es la lengua que más se habla en los Estados Unidos. En muchas partes del país se habla español: en Texas, California e Illinois, donde hay una gran
5   población° de mexicano-americanos; en el sur de la Florida, donde hay una gran concentración de inmigrantes cubanos, centroamericanos y sudamericanos; y en Nueva York, donde viven

población population

millones de puertorriqueños y otros inmigrantes
10 de países de habla hispana.° Para el año 2030, se
estima° que los hispanos serán la minoría más
grande de los Estados Unidos. Los africano-
americanos son hoy la minoría más grande del
país.

de habla hispana
Spanish-speaking
se estima it is estimated

15 Muchos hispanos, aunque hablan inglés,
prefieren a veces ir de compras a tiendas donde
se habla en español. Es por eso que en muchas
tiendas se ve un letrero° que dice: "Se habla
español". A veces, el propietario de la tienda no
20 sabe más que unas palabras en español y
solamente son los clientes los que lo hablan.

letrero sign

Cierta vez,° un comerciante° abrió una tienda
de ropa en un barrio de habla hispana. Los días
pasaban y el comerciante no vendía nada. El
25 comerciante estaba triste porque nadie venía a
comprar. Le faltaba el letrero mágico. Entonces,
un amigo suyo, comerciante muy sabio, le dijo:

Cierta vez One time
comerciante merchant

—Si quieres mejorar° tus ventas, debes poner
el letrero de "Se habla español".

mejorar to improve

30 —Pero yo no sé ni hablar ni escribir una sola
palabra en esa lengua —dijo el comerciante—. A
mí no me gusta engañar° a nadie.

engañar to cheat

—No vas a engañar a nadie —contestó el
amigo—. Vendré mañana por la mañana y te
35 ayudaré. Vamos a poner un letrero un poco
diferente. . .

Al día siguiente apareció este letrero muy
ingenioso:° "No se habla español, pero se vende
barato".

ingenioso ingenious

40 A partir de entonces,° empezaron a venir más
clientes a su tienda. Cada día había más gente y
el dueño de la tienda no tenía palabras para
agradecer° la idea de su amigo.

A partir de entonces
Since then

agradecer to thank

ᐧᐧᐧ COMPRENSIÓN ᐧᐧᐧ

A. Numera las oraciones siguiendo un orden cronológico.

a. _____ Un amigo suyo le dijo que le faltaba el letrero de "Se habla español".

b. _____ Los días pasaban y nadie venía a comprar.

c. _____ Un comerciante abre una tienda de ropa.

d. _____ El amigo le dijo que no iba a engañar a nadie.

e. _____ El comerciante no sabía cómo agradecer a su amigo.

f. _____ A partir de entonces empezaron a venir más clientes.

g. _____ El comerciante no quiso poner el letrero porque no quería engañar a nadie.

h. _____ El amigo puso un letrero que decía: "No se habla español, pero se vende barato".

B. Contesta las preguntas con oraciones completas.

1. Después del inglés, ¿cuál es la lengua que más se habla en los Estados Unidos?

2. ¿En qué partes del país se habla español?

3. ¿En qué estados hay una gran población de mexicano-americanos?

4. ¿En los Estados Unidos, dónde hay una gran concentración de puertorriqueños?

5. ¿En los Estados Unidos, dónde hay una gran concentración de cubanos?

6. ¿Son los hispanos la minoría más grande de Estados Unidos?

7. ¿Qué se estima para el año 2030?

8. ¿En qué barrio abrió su tienda el negociante del cuento?

9. ¿Vendía mucho al principio? ¿Por qué?

10. ¿Quién le ayudó a mejorar las ventas?

C. ¿Y tú?

1. ¿Crees que es importante aprender otra lengua? ¿Por qué?

2. ¿Crees que el español es una lengua importante? ¿Por qué?

3. ¿Hay muchos inmigrantes en donde vives?

4. ¿De dónde son en su mayoría?

5. ¿Crees que el comerciante del cuento es una persona honesta? ¿Por qué?

6. ¿Qué opinas de la idea del amigo?

7. ¿Fue una idea honesta? ¿Por qué?

∽ VOCABULARIO ∾

A. Nationalities: Write the Spanish-speaking country that corresponds to each adjective.

1. argentino, -a
2. boliviano, -a
3. chileno, -a
4. colombiano, -a
5. costarricense
6. cubano, -a
7. ecuatoriano, -a
8. salvadoreño, -a
9. español, -a
10. estadounidense
11. guatemalteco, -a
12. hondureño, -a
13. mexicano, -a
14. nicaragüense
15. panameño, -a
16. paraguayo, -a
17. peruano, -a
18. puertorriqueño, -a
19. dominicano, -a
20. uruguayo, -a
21. venezolano, -a

B. Word Groups: Find words in the story that belong to the same family as those below and tell what each word means.

1. clientela
2. menor
3. mejor
4. partir
5. concentrar
6. letra
7. magia
8. saber
9. engaño
10. agradecimiento

C. Antonyms: Find words of opposite meaning in the story and tell what each word means.

1. caro
2. contento
3. desapareció
4. mayoría
5. todos
6. pocas
7. antes
8. menos
9. cerró
10. terminaron

D. Adjective Formation: Some adjectives can be formed in Spanish by adding *-ante* to the stem of *-ar* verbs and *-iente* to the stem or *-er* and *-ir* verbs.

MODEL: inmigrar—inmigrante

Form adjectives from these Spanish verbs.

1. salir
2. entrar
3. sobrar
4. poner
5. correr

✎ ESTRUCTURAS ✎

Rewrite the following sentences according to the model.

MODEL: Mis ventas no mejoran porque no he puesto un letrero.
Si quieres mejorar tus ventas, debes poner un letrero.

1. No tengo buenas notas porque no estudio.
2. No vamos a la fiesta porque no hemos terminado la tarea.
3. No me levanto temprano porque no me acuesto temprano.
4. No me divierto porque no salgo.
5. No tenemos buena salud porque no comemos bien.
6. No tengo dinero porque no trabajo.
7. No aprendemos porque no preguntamos.

⟪ VERBOS ⟫

A. Complete the following sentences using the imperfect tense of the verbs in parentheses.

1. Antes, yo _____ muy bien el italiano. *(hablar)*
2. ¿Por qué _____ enojado tú? *(estar)*
3. Cuando él me _____ sus cosas, yo no _____ nada.
   (contar, decir)
4. Nosotros _____ todos los días. *(nadar)*
5. ¿Ustedes _____ siempre por ese lugar? *(pasar)*
6. ¿Qué _____ tú en la universidad? *(comer)*
7. La niña _____ porque _____ miedo del perro.
   (correr, tener)
8. Los alumnos no _____ porque no sabían. *(responder)*
9. Mi hermano y yo _____ todo. *(hacer)*
10. El joven no _____ aprender nada porque no
    _____. *(poder, estudiar)*
11. Eva y yo _____ a correr todas las tardes. *(salir)*
12. Cuando nosotros _____ la ventana, _____ mucho
    frío. *(abrir, hacer)*
13. La niña _____ cuando nosotros le _____ un chiste.
    (reír, contar)
14. Mis amigos siempre me _____ mis cuadernos.
    (pedir)
15. Yo nunca _____ nada. *(decir)*
16. El papel _____ la página. *(cubrir)*

B. Complete the following dialogue with the imperfect progressive of the verbs *ayudar, hacer, estudiar, explicar,* or *terminar.*

—¿Qué **(1)** _____ cuando te llamé?
—**(2)** _____ para el examen de mañana.
—¿No has terminado de estudiar?
—No. Ayer estuve todo el día en casa de Patricia.
—¿Y qué hacías allí?
—**(3)** _____ el proyecto de ciencias. Patricia también me
   (4) _____ un problema de matemáticas.
—Y el lunes por la noche, ¿por qué no me contestaste?
—Porque **(5)** _____ a mi madre en el garaje.
—¡Qué persona más ocupada!

20.
La tarea

Antes de leer: *¿Es importante ayudar a los hijos con las tareas? ¿Por qué?*

—¡Gregorio! —dijo la señora Martí—. ¡Apaga° la televisión y ven a ayudar a Bárbara a hacer la tarea de matemáticas! Cuando no estás viendo tu partido° de fútbol, estás leyendo el periódico.
5 Deja ya de no hacer nada y ayuda a la niña. Este semestre va a ser tu última oportunidad para ayudarla.

—No te entiendo —contestó el marido.

Apaga Turn off

partido game

114

—Sí, Gregorio. Este semestre es tu última
10 oportunidad para ayudarla.
—Pero si a la niña todavía le faltan varios
años. . .°
—Sí —dijo la señora con sarcasmo—; pero el
semestre que viene pasará al quinto grado de
15 primaria y tú ya no podrás ayudarla porque va a
ser muy avanzado° para ti.
—Muy graciosa. . .
Aunque estaba enojado por el sarcasmo de
su esposa, el señor Martí quería a su hijita. La
20 niña tenía problemas con las matemáticas y él
deseaba ayudarla. Entonces apagó la televisión y
se puso a hacer la tarea con su hija.
Pero el señor Martí no podía dejar de pensar
en el partido de fútbol. Como no pudo
25 concentrarse,° explicó mal muchas cosas a la
niña y cometió muchos errores° en la tarea. Al
terminar, Bárbara le dio las gracias a su padre.
Al día siguiente, la profesora de matemáticas
pasó toda la hora haciendo preguntas sobre los
30 problemas que estaban en la tarea. A cada
pregunta, Bárbara levantó la mano porque creía
que sabía la respuesta. Desafortunadamente,°
casi todas sus respuestas estaban mal.
Y al final de la clase, la maestra le devolvió
35 sus tareas diciéndole:
—Bárbara, no entiendo cómo una sola
persona puede cometer tantos errores.
Bárbara miró a su profesora y dijo:
—Profesora, está Ud. equivocada.° Una sola
40 persona no cometió todos estos errores. Mi
padre me ayudó con mis tareas.

a la niña. . . varios años the girl still has many years to go

avanzado advanced

concentrarse concentrate
cometió muchos errores made many mistakes

Desafortunadamente Unfortunately

equivocada mistaken

⟐ COMPRENSIÓN ⟐

A. Contesta las preguntas con oraciones completas.

1. ¿Qué estaba haciendo Gregorio?
2. ¿Qué le dice la esposa?
3. ¿En qué tiene problemas la niña?
4. ¿Por qué dice la esposa que ésta es su última oportunidad de ayudar a la niña?
5. ¿Cómo reacciona Gregorio?
6. ¿Ayuda luego Gregorio a su hija?
7. ¿Se puede concentrar él? ¿Por qué?
8. ¿Gregorio explica bien los problemas? ¿Qué hace?
9. ¿Qué pasa al día siguiente en la clase de matemáticas? ¿Contesta bien la niña?
10. ¿Qué le dice su profesora?
11. ¿Qué responde Bárbara?

B. ¿Y tú?

1. ¿Son importantes los estudios? ¿Por qué?
2. ¿Crees que una persona con más estudios consigue mejores trabajos? ¿Por qué? ¿Hay excepciones? ¿Cuáles son?
3. ¿Deben los padres interesarse en los estudios de los hijos? ¿Por qué?
4. ¿Te ayudan en tu casa con tus tareas?
5. Cuando tienes problemas con alguna clase, ¿pides ayuda? ¿A quién?
6. ¿Te ayudan tus compañeros cuando no entiendes algo? Y tú, ¿ayudas a tus compañeros si ellos no entienden algo?

⟐ VOCABULARIO ⟐

A. Cognates: Write the English cognate for the following Spanish words.

1. importante	9. grado
2. televisión	10. primaria
3. ayuda	11. avanzado
4. matemáticas	12. esposa
5. fútbol	13. problema
6. semestre	14. concentrarse
7. oportunidad	15. error
8. pasar	16. terminar

B. Word Groups: Find words in the story that belong to the same family as those below and tell what each word means.

1. importar
2. semestral
3. oportuno
4. sarcástico
5. gradual
6. avanzar
7. pensamiento
8. concentración
9. fortuna
10. equivocarse

∘ ESTRUCTURAS ∘

A. Rewrite the following sentences according to the model.

MODEL: Estoy leyendo el periódico.
Deja ya de leer el periódico.

1. Estamos viendo la televisión.
2. Estoy comiendo.
3. Estoy hablando por teléfono.
4. Estamos jugando.
5. Estamos estudiando.
6. Estoy lavando los platos.
7. Estamos limpiando la casa.
8. Estoy escribiendo.

B. Change the sentences you wrote in exercise A according to the model.

MODEL: Deja ya de leer el periódico.
No leas el periódico.

∾ VERBOS ∾

A. Complete the following sentences using the preterite tense of the verbs in parentheses.

1. ¿_____ tú a todas las preguntas del examen? (*responder*)
2. Ayer yo _____ la ventana de tu cuarto. (*abrir*)
3. Los niños _____ toda su comida. (*comer*)
4. Nosotros _____ por teléfono casi media hora. (*hablar*)
5. Sergio me _____ la lección de la semana pasada. (*explicar*)
6. Ustedes _____ a correr por la tarde. (*salir*)
7. ¿Qué _____ tú cuando te dijeron eso? (*pensar*)
8. Josefina no _____ la carta a su amiga. (*escribir*)
9. ¿Ignacio y tú _____ el ejercicio? (*entender*)
10. ¿Dónde _____ Fabio los libros? (*colocar*)
11. ¿A qué hora _____ ustedes? (*llegar*)
12. Tito _____ todo el jugo que había. (*beber*)
13. Mis amigos y yo _____ dos kilómetros. (*correr*)
14. Ayer yo _____ todo el día. (*dormir*)
15. Mi hermano no _____ en la cocina. (*entrar*)

B. Answer the following questions with the preterite tense of the main verbs.

1. ¿Qué hiciste ayer?
   _____ la tarea de ciencias.
2. ¿Dónde pusieron ustedes mi cuaderno?
   Lo _____ sobre la mesa.
3. ¿Qué le dijeron ustedes a Tere?
   Le _____ que teníamos que salir.
4. ¿Pudiste hacer todos los ejercicios?
   No, no _____.
5. ¿Por qué no quisiste venir con nosotros?
   _____ venir a pie.
6. ¿Oíste lo que dijo Adriana?
   Solamente _____ una parte.
7. ¿Dónde te caíste?
   Me _____ en la calle.
8. ¿Leyeron ya todo el libro?
   No, sólo _____ la mitad.
9. ¿Creyeron lo que les dijeron?
   Sí, _____ todo lo que nos dijeron.

21.
Un amigo sincero

ANTES DE LEER: *Imagina que han pasado cinco años desde que te graduaste. De repente ves a uno de tus viejos profesores. ¿Lo saludas o te escondes?*

El otro día yo estaba esperando el tren en una estación de subterráneo° de Nueva York. De repente° vi al señor Sorolla, mi viejo profesor de inglés en Santo Domingo. Cuando estaba en su
5 clase, yo no era buen estudiante. Una vez me dijo: —Dime en inglés el presente de "irse".

En lugar de decir "yo me voy, tú te vas, etc.", yo le dije: —Todo el mundo se va.

subterráneo subway
de repente suddenly

119

Aquel día recibí dos ceros a la vez.°   **a la vez** at the same time

10   Al ver al señor Sorolla, me acerqué° a él.   **me acerqué** I
approached

—¡Qué placer encontrarme contigo! —me
dijo, estrechándome la mano.°   **estrechándome la
mano** giving me a
handshake

—Señor —dije—, ¿se acuerda usted de mí,
Diego Cruz, el peor alumno de su clase de inglés?

15   —¡Cómo no! —respondió—. Nosotros los
profesores recordamos siempre a los peores
estudiantes.

Después de charlar° algunos minutos, me   **charlar** chatting
dijo: —A propósito, busco el tren para la

20   Universidad de Columbia. Pienso asistir a un
curso de literatura inglesa.

Le di° las direcciones necesarias y él me dio   **di** I gave
las gracias afectuosamente.°   **afectuosamente**
affectionately

—¡Diego, tú eres uno de mis amigos

25   sinceros! —dijo, estrechándome la mano.

—¿No quiere decir usted que soy un amigo
"con ceros"? Aquella vez, no estuve sin ceros, ¿se
acuerda? —le pregunté, sonriendo—. Profesor, a
propósito, ¿por qué no pidió direcciones al

30   guardia? Usted habla inglés perfectamente,
¿verdad?

—Chico —me dijo—, hablé al guardia y a
muchas otras personas, pero nadie en Nueva
York parece° hablar ni comprender inglés.   **parece** seems

✎ COMPRENSIÓN ✎

A. Escoge la frase que mejor complete cada oración.

   1. El muchacho se halla en
     a. Santo Domingo.
     b. Nueva York.
     c. Colombia.
     d. la universidad.

   2. Recibió dos ceros porque
     a. dijo: "Todo el mundo se va".
     b. vio al señor Sorolla.
     c. dijo: "Yo me voy".
     d. no dio regalos al profesor.

3. El señor Sorolla enseñaba
   a. francés.
   b. inglés.
   c. español.
   d. literatura.

4. El señor Sorolla va a
   a. enseñar en una universidad de Colombia.
   b. regresar al aeropuerto en subterráneo.
   c. estudiar en la Universidad de Columbia.
   d. buscar un policía.

5. Según el señor Sorolla, en Nueva York
   a. el guardia habla inglés.
   b. muchas personas hablan bien el inglés.
   c. todo el mundo habla inglés.
   d. nadie parece hablar inglés.

B. Contesta las preguntas con oraciones completas.
   1. ¿Dónde tiene lugar ese cuento?
   2. ¿A quién vio el joven?
   3. ¿Por qué recibió dos ceros a la vez?
   4. ¿A quiénes siempre recuerdan los profesores?
   5. ¿Qué piensa hacer el señor Sorolla?
   6. ¿Cuál de los trenes busca el profesor?
   7. Además de hablar, ¿cómo se saludan y se despiden Diego y el señor Sorolla?
   8. Según el profesor, ¿quiénes no comprenden ni hablan inglés?

C. ¿Y tú?
   1. ¿Cómo prefieres viajar, en tren, en coche o en avión?
   2. ¿Cómo saludas a tus profesores? ¿Cómo saludas a tus amigos?
   3. ¿Cuál es la peor nota que sacaste en una clase? ¿Cuál es la mejor?
   4. ¿Qué prefieres leer: la literatura inglesa, americana o española? ¿Por qué?
   5. ¿Por qué crees que le fue difícil al señor Sorolla comunicarse en inglés?
   6. ¿Cuáles son las características de un amigo sincero o una amiga sincera?
   7. Cuando charlas con tus compañeros de clase, ¿de qué hablan?
   8. Si un profesor te hace una pregunta y tú no sabes la respuesta, ¿qué haces o dices? ¿Cómo te sientes cuando no sabes la respuesta?

⁌ VOCABULARIO ⁌

A. Cognates: Write the English cognate for each of the following words.

1. perfectamente
2. cero
3. instrucciones
4. estación
5. necesario
6. guardia
7. persona
8. responder
9. curso
10. literatura

B. Antonyms: Match the words in column A with their antonyms in column B.

A
1. nadie
2. mejor
3. nuevo
4. verdad
5. presente
6. recibir
7. acercarse
8. decir
9. buscar
10. recordar

B
a. preguntar
b. pasado
c. olvidar
d. todo el mundo
e. dar
f. peor
g. encontrar
h. viejo
i. irse
j. mentira

⁌ ESTRUCTURAS ⁌

A. Write the letter of the prepositional phrase that best completes each sentence.

a. después de
b. a propósito
c. de mis tíos
d. de repente
e. en esta ciudad
f. a un concierto
g. para Chicago
h. en español
i. al ver
j. a la vez

1. Estaba yo pensando cuando _____ alguien me habló.
2. _____ charlar algunos minutos, mi amiga se fue.
3. Nadie _____ parece entender español.
4. Busco el tren _____.
5. _____, ¿por qué no me llamaste anoche?
6. Ayer recibí dos mensajes _____.
7. Pienso asistir _____ mañana.
8. ¡Ese hombre es uno _____!
9. _____ al profesor, me acerqué a él.
10. Por favor, dime _____ el pretérito de *estar*.

122

B. Complete each sentence with the correct reflexive pronoun.

MODEL: Todo el mundo _____ va.

Todo el mundo *se* va.

1. Juan y yo _____ encontramos en la estación.
2. ¿Por qué no _____ vas si estás aburrida?
3. Ustedes siempre _____ encuentran en ese café, ¿verdad?
4. A veces yo _____ encuentro con mis amigos en el centro comercial.
5. La clase es tan interesante que nadie _____ va del salón.
6. ¿Con quién _____ encontraste en el pasillo?
7. Nosotros _____ vamos de aquí lo más rápido posible.
8. ¡Ella _____ fue sin decirme adiós!
9. ¿Cuándo _____ van ustedes para Santo Domingo?
10. Pues, por mi parte, _____ voy mañana por la tarde.

⟪ VERBOS ⟫

A. Complete the following sentences using the imperfect tense of the verbs in parentheses.

1. Los profesores _____ charlando cuando llegó el tren. *(estar)*
2. Yo _____ con viajar por Europa cuando sonó el despertador. *(soñar)*
3. Nosotros siempre _____ tarde para la última clase del día. *(llegar)*
4. Generalmente tú _____ más con los estudiantes extranjeros. *(hablar)*
5. Cada fin de semana, Alicia me _____ con mis estudios. *(ayudar)*
6. Cuando tú me llamaste, yo _____ el periódico. *(buscar)*
7. Nosotros _____ estudiando cuando el profesor gritó. *(estar)*
8. Un ratón lo _____ tranquilamente encima del escritorio. *(mirar)*
9. ¿No es cierto que Elena y Raúl _____ durante las clases? *(charlar)*

10. Ellos simplemente _____ comparando sus apuntes. *(estar)*

11. En lugar de estudiar, yo _____ videojuegos. *(jugar)*

12. El señor Ríos siempre _____ a casa a las seis en punto. *(regresar)*

13. Los martes, toda la familia _____ a las siete y media. *(cenar)*

14. Los veranos, yo _____ cinco millas antes de desayunarme. *(caminar)*

15. Recuerdo que tú _____ a tus abuelos todos los domingos. *(visitar)*

B. Answer the following questions using the main verbs in the preterite tense.

1. ¿Qué buscaste en tu mochila?

_____ mis apuntes para la clase de literatura.

2. ¿A qué hora llegaste anoche?

_____ a las diez y media.

3. ¿Cuándo comenzaste a aprender francés?

_____ a tomar clases el verano pasado.

4. ¿Con quiénes jugaste videojuegos?

_____ con Carlos y Diana.

5. ¿Qué sacaste del refrigerador?

_____ un refresco y dos manzanas.

6. ¿A qué hora empezaste a preparar la cena?

_____ a pelar las verduras a las cinco.

7. ¿Regaste las flores del jardín?

Sí, las _____.

8. ¿Cómo castigaste al perrito travieso?

Lo _____ con gritos solamente.

9. ¿Es verdad que te acercaste al actor famoso?

¡Claro! Me _____ a él para pedirle una foto.

10. ¿Qué canción tocaste en la guitarra?

_____ "Ojos verdes", pero nadie cantó.

22.
Un pollo extraordinario

Antes de leer: *Cuando vas de viaje o de excursión, ¿qué clase de regalos te gusta comprar para tus amigos o familiares?*

Eduardo viaja mucho por todas partes del mundo y en cada país busca regalos para su familia. Sobre todo le gusta conseguir gangas.° Al regresar a su patria, pasó tres horas en la aduana° mientras examinaban sus compras: para el abuelo, un sombrero mexicano y una bombilla° para sorber° mate;° para el padre, un par de huaraches; para el hermano de quince años, una

gangas bargains
aduana customs

bombilla metal straw
sorber to sip
mate Argentine tea

cesta que usan los peloteros° vascos (quería

10 comprar el frontón° pero no podía llevarlo); para
las niñas, un traje de china poblana; para los niños,
un traje de charro; y para la madre, un pájaro que,
según el vendedor, habla muchas lenguas.

Cuando llegó a casa distribuyó° rápidamente
15 los regalos y salió para cortarse el pelo. Esa
noche la madre preparó una cena excelente para
la familia. A las siete se sentaron a la mesa. El
plato principal era arroz con pollo, el plato
favorito de Eduardo.

20 —Mamá, ¿qué te parece° el pájaro? —le
preguntó Eduardo. Se refería al regalo que le
había dado esa mañana.

La madre, pensando en la carne del pollo,
dijo: —Creo que no estaba muy sabroso,° hijito.

25 —No hablo del pollo, mamá. Estoy hablando
de tu regalo, el pájaro que te traje.

—¡El pájaro! —exclamó su madre—. Yo creí
que era un pollo. ¡He preparado el arroz con ese
pájaro!

30 —¿Cómo? ¡Has cocinado° el pájaro! Ese
pájaro era muy sabio. Hablaba siete lenguas.

—Si hablaba tantas lenguas —dijo ella—,
¿por qué no me dijo nada cuando lo estaba
poniendo en la marmita?°

peloteros ballplayers

frontón playing field

distribuyó he distributed

¿qué te parece... how do you like...?

sabroso tasty

cocinado cooked

marmita pot

⨪ COMPRENSIÓN ⨪

A. Escoge la frase que mejor complete cada oración.

1. Durante su viaje, Eduardo
   a. compra regalos para sus parientes.
   b. sorbe mate porque es una ganga.
   c. examina los regalos.
   d. busca a los miembros de su familia.

2. Examinan las compras de Eduardo
   a. en cada país.
   b. en el frontón.
   c. cuando llega a su país.
   d. en China.

3. El _____ habla muchas lenguas.
   a. pelotero vasco
   b. vendedor del pájaro
   c. abuelo de Eduardo
   d. pájaro que Eduardo compró

4. Esa noche, la madre
   a. fue al barbero.
   b. distribuyó muchos regalos.
   c. preparó una cena especial.
   d. aprendió a buscar gangas.

5. Cuando la madre lo puso en la marmita, el pájaro
   a. dijo: —No soy pollo.
   b. no le dijo nada.
   c. le cantó en francés.
   d. exclamó: —Soy un pájaro muy sabio.

B. Contesta las preguntas con oraciones completas.
   1. ¿Qué le gusta hacer Eduardo en sus viajes?
   2. ¿Cuánto tiempo pasó en la aduana?
   3. ¿Qué le compró a su abuelo?
   4. ¿Qué le compró a su hermano de quince años?
   5. ¿Qué le regaló a su madre?
   6. ¿Por qué salió Eduardo después de distribuir los regalos?
   7. ¿Cuál es el plato favorito de Eduardo?
   8. ¿Qué le preguntó Eduardo a su madre?
   9. ¿Qué le pasó al regalo?
   10. ¿Era muy inteligente el pájaro?

C. ¿Y tú?
   1. ¿Qué regalos te gusta recibir?
   2. ¿Cuántas veces al año te cortas el pelo?
   3. ¿Qué animales son los más inteligentes?
   4. ¿Qué prefieres: andar sin zapatos, ponerte huaraches o usar zapatos de cuero? ¿Por qué?
   5. Cuando vas de compras, ¿dónde encuentras los mejores precios?
   6. ¿Cuál es tu plato favorito?
   7. Generalmente, ¿a qué hora cenan en tu casa?
   8. ¿Te gusta participar en los deportes o prefieres ser espectador(a)? ¿Por qué?

◄ VOCABULARIO ►

A. Word Groups: Find a word in the story that is related to each of these words.

MODEL: vender—vendedor

1. rapidez	**6.** llegada
2. pelota	**7.** favorecer
3. sabor	**8.** sabiduría
4. cocina	**9.** sorbete
5. viaje	**10.** distribución

B. Word Groups: Circle the word in each group that does not belong.

1. nación, vascos, país, patria
2. bombilla, cena, comida, desayuno
3. excelente, superior, común, perfecto
4. conseguir, obtener, comprar, vender
5. gustar, pensar, querer, desear
6. distribuir, examinar, mirar, inspeccionar
7. rápido, lento, despacio, corto
8. regresar, volver, llegar, sentarse
9. inteligente, hablador, sabio, astuto
10. arroz, pollo, pájaro, ave

C. Antonyms: Match the words in column A with their antonyms in column B.

A	B
1. común	**a.** salir
2. conseguir	**b.** sacar
3. preguntar	**c.** extraordinario
4. entrar	**d.** casero
5. recordar	**e.** ventas
6. tantas	**f.** olvidar
7. poner	**g.** ningunos
8. viajero	**h.** decir
9. todos	**i.** pocas
10. compras	**j.** regalar

◄◙ ESTRUCTURAS ◙►

A. Diminutives: Write the diminutive form *(-ito, -ita)* of each word.

1. hija
2. abuelo
3. regalo
4. mesa
5. pollo
6. casa
7. niñas
8. pájaros
9. pelota
10. hermanos

B. Adjectives and Adverbs: Complete the information for each noun by writing the adjective and adverb forms.

MODEL: sabor *sabroso sabrosamente*

1. excelencia
2. costo
3. generosidad
4. sabiduría
5. cortesía
6. rapidez
7. inteligencia
8. riqueza
9. actividad
10. lentitud

◄◙ VERBOS ◙►

A. Complete the following sentences with the past participle of the verb in parentheses.

1. Eduardo ha _____ a muchos países. *(viajar)*
2. En cada país ha _____ platos exóticos. *(comer)*
3. Nosotros nunca hemos _____ un regalo tan elegante. *(recibir)*
4. Generalmente tú has _____ las cenas más sabrosas. *(cocinar)*
5. ¿Alguna vez han _____ mate ustedes? *(beber)*

6. No he _____ nunca el mate. *(probar)*

7. Nosotros hemos _____ la literatura gauchesca. *(estudiar)*

8. La señora Millán ha _____ siete lenguas. *(aprender)*

9. ¿Han _____ a muchos peloteros? *(conocer)*

10. Ella ha _____ regalos para todos. *(comprar)*

11. He _____ varios ingredientes a la receta. *(añadir)*

12. Siempre has _____ ser famoso. *(desear)*

13. Nadie ha _____ del aeropuerto. *(regresar)*

14. El sastre ha _____ un traje de charro. *(coser)*

15. Anita ha _____ la tarea. *(cumplir)*

16. Nosotros hemos _____ viajar a México. *(decidir)*

17. ¿Han _____ ustedes con el agente de viajes? *(hablar)*

18. Ella ha _____ conseguir una ganga para nosotros. *(prometer)*

19. El vendedor ha _____ veinte marmitas de hierro. *(vender)*

20. ¿Has _____ del país? *(salir)*

B. Complete the following sentences with either *ser* or *estar* in the present tense.

1. Siempre _____ mejor no comer carne de res.

2. Este arroz con pollo no _____ muy sabroso.

3. Maricarmen _____ programadora de computadoras.

4. ¿_____ tú el mejor bailador del mundo?

5. ¿No _____ ustedes los estudiantes más sabios?

6. La oficina del aduana _____ a la derecha.

7. _____ las once y media de la noche.

8. Yo _____ triste de oír las noticias.

9. Ellos _____ vendiendo su condominio.

10. No _____ nosotros los mejores cocineros.

C. Rewrite each main verb in exercise B in the imperfect tense.

23.
Nada

Antes de leer: *Imagina que tienes una bola de cristal para adivinar el futuro. ¿Qué trabajo estás haciendo? ¿Cuáles son tus aptitudes?*

Pepe, muchacho de nueve años, quiere hacerse° profesor algún día. Pero no sabe qué asignatura° querrá o podrá enseñar.

—Papá, ¿qué te parece la enseñanza?° —preguntó a su padre, profesor de una escuela superior.

—Me gusta mucho la enseñanza —dijo el padre.

hacerse to become

asignatura subject, discipline

enseñanza teaching

—Tal vez me haré profesor también. Papi,
dime, por favor, ¿cuáles son las asignaturas que
se enseñan en tu escuela?

—Pues, hijo, se enseñan las matemáticas, la
historia, las ciencias, las lenguas, la música, el
arte, los deportes, y la natación.°

—¿Qué hace un profesor de matemáticas?

—Enseña el álgebra, la geometría y la
trigonometría. A ver, voy a darte un problema
sencillo para averiguar° si puedes hacerte
profesor de matemáticas: Si cocino un huevo° en
dos minutos, ¿en cuántos minutos puedo cocinar
diez huevos?

—En veinte minutos, papá.

—Te equivocas,° Pepito. El cocinarlos por
separado es un desperdicio° de tiempo. Puedo
cocinar todos los huevos al mismo tiempo... en
dos minutos.

—Por lo visto,° no me pondré a estudiar
matemáticas porque no saldré bien° en el
examen —dijo Pepe, tomando el asunto° muy en
serio—. Entonces, ¿qué hace un profesor de
ciencias?

—Bueno, hijito, enseña biología, química y
física.

—Tampoco° me haré profesor de ciencias.

El padre, hombre simpático y paciente, sigue
explicando lo que hacen todos los maestros.
Pepe se da cuenta de° que no sabe lo suficiente
para hacerse profesor. Al fin, el niño, antes de
renunciar a esa profesión, dijo:

—Me queda la última pregunta. ¿Qué hace
un profesor de natación?

—Nada,° hijo, nada.

—¿Nada? Entonces, voy a hacerme profesor
de natación porque parece un trabajo muy fácil.

natación swimming

averiguar to find out,
ascertain
huevo egg

Te equivocas You're
mistaken
desperdicio waste

Por lo visto Obviously
no saldré bien I won't
do well
asunto matter

Tampoco Neither, either

se da cuenta de
realizes

nada swims; nothing

132

⸎ COMPRENSIÓN ⸎

A. Indica con una *V* si la oración es verdadera y con una *F* si la oración es falsa. Corrige las oraciones falsas.

1. Pepe es estudiante universitario.
2. Al padre de Pepe no le gusta la enseñanza.
3. Un profesor de matemáticas enseña el álgebra, la geometría y la trigonometría.
4. El padre cocina diez huevos y los da a su hijo.
5. Pepe dio la respuesta correcta al problema.
6. Se puede cocinar todos los huevos en dos minutos.
7. El muchacho no empezará a estudiar las matemáticas porque cree que no saldrá bien en el examen.
8. Un profesor de ciencias enseña biología, química, física y natación.
9. El padre es muy impaciente y antipático.
10. El padre dijo que un maestro de natación nada.

B. Contesta las preguntas con oraciones completas.

1. ¿Qué piensa hacerse Pepe algún día?
2. ¿Cómo le parece la enseñanza al padre?
3. ¿Qué asignaturas se enseñan en la escuela superior?
4. ¿Qué enseña un profesor de matemáticas?
5. Si cocina un huevo en dos minutos, ¿cuántos minutos necesita el padre para cocinar diez huevos?
6. ¿Por qué no estudiará matemáticas el muchacho?
7. ¿Qué enseña un profesor de ciencias?
8. ¿Cómo es el padre de Pepe?
9. ¿De qué se da cuenta el niño?
10. ¿Qué hace un profesor de natación?

C. ¿Y tú?

1. ¿Qué asignaturas se enseñan en tu escuela?
2. ¿Cuál es la clase que te gusta más?
3. ¿Cómo eres tú, paciente o impaciente? Da un ejemplo.
4. ¿Crees que es importante saber usar las computadoras? ¿Por qué?
5. ¿Dónde nadas tú: en el océano, en un lago, en un río o en una piscina?

⟨ VOCABULARIO ⟩

A. Cognates: Look in the story for the Spanish cognates of these English words.

1. music
2. minutes
3. exam
4. sufficient
5. renounce

6. profession
7. art
8. problem
9. serious
10. ultimate

B. Word Groups: Circle the word in each group that does not belong.

1. natación, gimnasia, superior, deportes
2. álgebra, física, química, biología
3. respuesta, pregunta, solución, contestación
4. nadar, río, lago, océano
5. cuentos, poemas, gramática, dramas
6. prueba, examen, evaluación, desperdicio
7. huevos, minutos, horas, segundos
8. profesor, maestro, estudiante, instructor
9. pasado, presente, futuro, historia
10. trigonometría, aritmética, geografía, geometría

⟨ ESTRUCTURAS ⟩

Write the letter of the prepositional phrase that best completes each sentence.

a. al mismo tiempo
b. con nada
c. en ocho minutos
d. entre sus padres
e. por lo general

f. de matemáticas
g. en el futuro
h. por dos
i. por separado
j. en serio

1. La señora Londoño es profesora _____.
2. Rafael puede nadar una milla _____.
3. Es un desperdicio de tiempo cocinar diez huevos _____.
4. Es mejor cocinar todos los huevos _____.
5. _____, los padres son muy pacientes.
6. Las madres toman muy _____ las preguntas de sus hijos.
7. ¿Sabes lo que querrás hacer _____?
8. Si tengo diez dulces y doy cinco a Luis y cinco a Graciela, ¡me quedo _____!
9. Diez _____ son veinte.
10. El niño travieso se sienta _____.

✎ VERBOS ✎

A. Change the main verb in each sentence to the future tense.

MODEL: ¿Qué dicen Guillermo y Tatiana?
 ¿Qué *dirán* Guillermo y Tatiana?

1. Ricardo sale para la universidad en agosto.
2. Nosotras tenemos que estudiar para el examen.
3. ¿Qué haces para estudiar más eficientemente?
4. Me pongo a leer los apuntes.
5. ¿Qué más quieres saber?
6. La directora me dice la verdad.
7. ¿No sabes todas las respuestas?
8. Las niñas salen bien en todos los exámenes.
9. Pepito no tiene suerte para sacar buenas notas.
10. Con mucha práctica hacemos bien.

B. Rewrite the sentences in exercise A, changing the verbs to the preterite tense.

C. Write each sentence twice: first in the imperfect progressive and then in the imperfect.

MODEL: (tú) / sacar fotos / cuando la novia se desmayó.
 Estabas sacando fotos cuando la novia se desmayó.
 Sacabas fotos cuando la novia se desmayó.

1. (nosotros) / nadar / cuando nos acercó un delfín.
2. ¿(tú) / comer / cuando viste el oso negro?
3. (ellos) / estudiar / cuando alguien apagó las luces.
4. (yo) / abrir las ventanas / cuando comenzó a llover.
5. Diego / barrer el patio / cuando se cayó el árbol.
6. Susana / escribir mensajes electrónicos / cuando el loro se escapó.
7. ¿(ustedes) / mirar telenovelas / cuando gané el campeonato?
8. (nosotros) / asistir al concierto / cuando sucedió el accidente.
9. (tú) / cortar el césped / cuando el helicóptero aterrizó en la calle.
10. mis abuelos / subir las escaleras / cuando el ladrón salió del banco.

24.
El concierto

ANTES DE LEER: *¿Qué tipo de música
consideras "caliente"? ¿Crees que el vals
puede ser música caliente? ¿Por qué?*

   Era un genio,° un genio musical. Sus
composiciones musicales eran mejores que las
de Manuel de Falla. Tocaba el piano mejor que
Iturbi, la guitarra mejor que Segovia, y el
5 violonchelo mejor que Casals. ¿Quién lo dijo? Su
profesor de música. ¿Quién lo creyó? Solamente
su padre, rico exportador de azúcar. Cuando uno

genio genius

tiene un hijo que es un genio musical, es
absolutamente necesario arreglar° un concierto.

10   El señor González (así se llamaba el padre)
se dirigió° a sus parientes. Les mandó
invitaciones prometiéndoles refrescos y otros
alimentos° deliciosos. Después del concierto,
cada uno recibiría una cesta de frutas: naranjas,
15   manzanas, uvas° y cerezas.°
—Mucha gente vendrá° al concierto —se
dijo° el padre—. Romperán° las puertas para
entrar.
Pero los parientes se negaron a° venir. No
20   tenían ganas de sufrir. Entonces, el señor
González le explicó el problema a su secretario:
—Lázaro, ¿qué va a suceder? ¿A quién puedo
pedir ayuda? ¿Qué hago?
Y pensando esto, el señor González se ponía
25   cada vez más triste.° De repente, le vino una
idea magnífica. Había miles de González en la
guía telefónica. Iba° a mandar a cada González
una carta de invitación. Cada uno iba a pensar
que José González era pariente suyo. Así, todos
30   vendrán a escuchar a un genio de su familia.
En la noche del concierto llegaron todos los
González. No había ni una sola silla desocupada.°
Muchos se quejaban° porque tenían que
quedarse en el zaguán.° El genio se puso a tocar
35   "El vals de un minuto". De pronto° entró
corriendo un hombre que gritaba:
—¡Señor González, su casa está ardiendo!°
Todo el mundo salió corriendo del teatro.
El día siguiente apareció esta crítica musical
40   en el periódico: El joven genio musical, José
González, sobrepasó° un record. Completó "El
vals de un minuto" en diez segundos.

arreglar to arrange

se dirigió addressed, turned to

alimentos foods

uvas grapes
cerezas cherries
vendrá will come
se dijo said to himself
romperán will break down
se negaron a refused

cada vez más triste sadder and sadder

Iba He was going

desocupada empty
se quejaban were complaining
zaguán lobby, entryway
De pronto Suddenly

ardiendo burning

sobrepasó surpassed, beat

❦ COMPRENSIÓN ❧

A. Pon las oraciones de cada grupo en la secuencia apropiada para hacer un resumen del cuento.

Primer grupo

1. Pero no quieren venir porque no les gusta la música de José.
2. El profesor de música dijo que José González es un genio musical.
3. El señor González decide invitar a todos los González que se hallan en la guía telefónica.
4. Invita a sus parientes al concierto, prometiéndoles toda clase de refrescos.
5. Por eso el señor Gonález, rico exportador de azúcar, arregla un concierto.

Segundo grupo

6. Algunas personas se quejaron porque no había bastantes sillas para sentarse.
7. Como todo el mundo se llamaba González, todos salieron corriendo.
8. El joven músico empezó a tocar "El vals de un minuto".
9. Muchas personas vinieron porque creían que José era pariente suyo.
10. Un hombre entró de pronto y anunció: —¡Señor González, su casa está ardiendo!

B. Contesta las preguntas con oraciones completas.

1. ¿Qué es Iturbi: pianista, guitarrista o violonchelista?
2. ¿Quién dijo que José González era un genio musical?
3. ¿Cuál era la profesión del señor González?
4. ¿Qué prometió el señor González a sus parientes?
5. ¿Por qué se negaron a venir los parientes?
6. ¿Por qué se puso cada vez más triste el señor González?
7. ¿A quiénes invitó al concierto? ¿Dónde los encontró?
8. ¿Qué iban a pensar todos los González?
9. ¿Qué hizo todo el mundo al oír al hombre que gritaba?
10. ¿Qué record sobrepasó José?

C. ¿Y tú?

1. ¿Qué instrumento musical prefieres escuchar o tocar?
2. Todo el mundo tiene un talento especial. ¿Qué talento especial tienes?
3. ¿A qué añades azúcar: al té, al cereal, al café, a la limonada o a otra cosa?
4. Acabas de recibir una cesta de frutas. ¿Qué comes primero? ¿Qué regalas a otra persona?
5. ¿Prefieres asistir a un concierto, a un partido de fútbol o a una película?
6. No sabes el número de teléfono de un compañero de clase. ¿Cómo consigues el número de teléfono?
7. ¿Tienes muchos parientes o pocos parientes?
8. Si alguien grita: "Tu casa está ardiendo", ¿qué harás?

◖◗ VOCABULARIO ◖◗

A. Word Groups: Find a word in the story that is related to each of these words.

MODEL: pianista—piano

1. problemático	**6.** queja
2. necesidad	**7.** suceso
3. corredor	**8.** guitarrista
4. promesa	**9.** grito
5. sufrimiento	**10.** arreglo

B. Antonyms: Match the words in column A with their antonyms in column B.

A	**B**
1. pobre	**a.** exportador
2. después	**b.** rico
3. alegre	**c.** salir
4. ocupado	**d.** todos
5. entrar	**e.** triste
6. romper	**f.** recibir
7. mandar	**g.** antes
8. cada uno	**h.** último
9. importador	**i.** reponer
10. primero	**j.** desocupado

⚜ ESTRUCTURAS ⚘

Choose the answer with the correct direct and/or indirect object pronoun.

1. ¿Qué regaló la señora Villa a los invitados?
    a. La regaló una cesta de frutas.
    b. Los regaló una cesta de frutas.
    c. Les regaló una cesta de frutas.
2. ¿Mandaste las cartas a todos los parientes?
    a. Sí, los mandé ayer.
    b. Sí, las mandé ayer.
    c. Sí, te mandé ayer.
3. ¿Quiénes rompieron las puertas del teatro?
    a. Los González los rompieron.
    b. Los González lo rompieron.
    c. Los González las rompieron.
4. ¿Quién me prometió un disco compacto nuevo?
    a. Yo te lo prometí.
    b. Yo me lo prometí.
    c. Yo lo me prometí.
5. ¿Explicaste el problema a tus tías?
    a. Sí, las expliqué.
    b. Sí, se lo expliqué.
    c. Sí, te las expliqué.
6. ¿Quién contestó tus preguntas?
    a. Josefina me las contestó.
    b. Josefina se las contestó.
    c. Josefina les contestó.
7. ¿Leíste la crítica del concierto en el periódico?
    a. No, no le leí.
    b. No, no lo leí.
    c. No, no la leí.
8. ¿Quién comió todas las cerezas?
    a. Alberto les comió.
    b. Alberto las comió.
    c. Alberto se comió.
9. ¿Encontraste los números de teléfono en la guía?
    a. Claro que lo encontré.
    b. Claro que la encontré.
    c. Claro que los encontré.
10. ¿Te tocaron un vals los genios musicales?
    a. Sí, me los tocaron.
    b. Sí, me tocaron.
    c. Sí, me lo tocaron.

❧ VERBOS ❧

A. Complete the following sentences using the preterite tense of the verbs in parentheses.

1. La señorita Beltrán _____ cada vez más triste. *(ponerse)*
2. Su novio no _____ la carta. *(leer)*
3. Él le _____ que no le gusta la música. *(decir)*
4. Pero la señorita Beltrán no lo _____. *(creer)*
5. Sus amigos _____ todo lo posible para animarla. *(hacer)*
6. Pero, ¿no _____ tú la idea magnífica? *(tener)*
7. No, yo no _____ nada del plan. *(saber)*
8. Entonces, ¿quiénes _____ las grabadoras al concierto de la señorita? *(traer)*
9. Creo que _____ los hermanos Ibarra. *(ser)*
10. Ellos _____ para grabar "El vals de un minuto". *(venir)*

B. Choose the appropriate negative familiar *(tú)* command from those given below to complete each sentence.

1. Toca el violonchelo, pero no _____ música clásica.
2. Corre en el parque, pero no _____ allí de noche.
3. Manda las invitaciones, pero no _____ una a los vecinos.
4. Entra despacio; no _____ corriendo.
5. Busca el número de teléfono, pero no lo _____ en esta guía.
6. Invita a tus compañeros de clase, pero no _____ a todos.
7. Come más frutas, pero no _____ las frutas azucaradas.
8. Abre la invitación, pero no la _____ durante la cena.
9. Llama a todos los parientes, pero no los _____ después de las nueve.
10. Escribe el informe, pero no lo _____ con lápiz.

invites	toques	abras	mandes	busques
comas	entres	corras	escribas	llames

25.

Los inocentes
(1ª parte)

ANTES DE LEER: *¿Sabes cuando alguien te dice mentiras? ¿Cómo lo sabes?*

Primer pleito°

—No soy culpable,° señor juez.° Soy
inocente —dijo el primer acusado—. No robé la
radio. Voy a explicarle lo que ocurrió. Estaba
5 paseándome por la calle a las tres de la mañana.
A mi derecha vi un escaparate° roto.
Naturalmente me detuve.° En el fondo° del

pleito case

culpable guilty
juez judge

escaparate store window

me detuve I stopped
fondo rear, back

142

escaparate había un paquete grande y en el
paquete había una radio. No supe a quién
10 pertenecía.° Tuve miedo de dejarla porque una
persona no honrada podría° robarla. Como no
pude hallar a un agente, decidí traerla al cuartel°
de la policía que se hallaba en la esquina.°
Estaba muy angustiado° y confuso. Por eso
15 anduve en la otra dirección. De repente me
detuvo un policía y me pidió la radio. Como yo
respeto mucho y obedezco siempre a la policía,
se la di. Decidí ayudarle acompañándole al
cuartel y me trajo aquí al tribunal.°

20 **Segundo pleito**

—Señor juez —dijo el mayor de dos jóvenes
acusados de haber robado una bolsa°—, mi
vecino y yo somos inocentes. La señora está
equivocada. Era la medianoche. Mi amigo y yo
25 estábamos andando por la calle y esta mujer
estaba caminando delante de nosotros. De
repente ella se volvió y se puso a golpearnos°
con su bolsa. Quisimos defendernos. Por eso,
cogí la bolsa. Ella comenzó a gritar. Como no
30 quisimos alarmar a toda la gente, huimos.° En
ese momento vimos al policía. Fuimos hacia él y
le pedimos protección contra la señora. Por eso
vinimos aquí al juzgado. Para mostrarle a usted
que somos honrados, nosotros tenemos ganas de
35 devolver el dinero que cayó en el suelo cuando
ella nos estaba golpeando.

pertenecía belonged
podría might
cuartel police station
esquina corner
angustiado anguished

tribunal court

bolsa purse

golpearnos to hit us

huimos we fled

◅ COMPRENSIÓN ▻

A. Pon en orden las palabras que están entre paréntesis para
completar cada oración.

1. El primer (robó, la radio, no, acusado, dijo que).
2. Vio un paquete (roto, de un, grande, escaparate, al fondo).
3. No supo a quién (pero, pertenecía, tuvo, dejarlo, miedo de).
4. No anduvo hacia (porque, confuso, muy, el cuartel, estaba).
5. Como siempre obedece (a la, le entregó, policía, la radio).
6. El mayor de los (la bolsa, jóvenes, dijo que, robado, no han).
7. La señora se volvió y (su bolsa, golpearlos, se puso a, con).

143

8. Cogieron la (para, bolsa, ella, de, defenderse).

9. Ella comenzó a (y, se huyeron, gritar, ellos).

10. Ahora tienen ganas de (que cayó, en el, el, dinero, suelo, devolver).

B. Contesta las preguntas con oraciones completas.

1. ¿A qué hora se paseaba el primer acusado?

2. ¿Qué vio a su derecha?

3. ¿Por qué no quiso dejar la radio en el escaparate roto?

4. ¿Por qué no anduvo en dirección al cuartel de policía?

5. ¿Por qué dio la radio al agente de policía?

6. ¿De qué han acusado a los dos jóvenes?

7. ¿Dónde estaba caminando la señora?

8. ¿Por qué huyeron los jóvenes?

9. ¿Contra quién pidieron protección?

10. ¿Por qué desean devolver el dinero?

C. ¿Y tú?

1. ¿Qué prefieres hacer: dar un paseo, ir en bicicleta o correr?

2. ¿Quiénes están sentados a tu derecha y a tu izquierda?

3. ¿Qué ocurre si dejas tu radio en la calle?

4. ¿Dónde se puede hallar un cuartel de policía?

5. ¿A quién respetas y obedeces?

6. Cuando sales a la calle, ¿dónde guardas tu dinero?

⟪ VOCABULARIO ⟫

A. Cognates: Look in the story for the Spanish cognates of these English words.

1. pertained	**6.** alarm
2. protection	**7.** radio
3. commenced	**8.** innocent
4. occurred	**9.** naturally
5. agent	**10.** anguished

B. Meanings: Match each word in column A with its meaning in column B.

A	B
1. gritar	**a.** dejar de caminar
2. vecino	**b.** lugar donde se juzgan pleitos
3. detenerse	**c.** persona que vive cerca
4. robar	**d.** no tener la razón
5. defenderse	**e.** protegerse contra alguien
6. tribunal	**f.** punto en que se juntan dos calles
7. obedecer	**g.** tomar algo que no es suyo
8. esquina	**h.** irse rápidamente de un lugar
9. equivocarse	**i.** hacer lo que alguien te dice
10. huir	**j.** hablar con voz fuerte y con emoción

C. Antonyms: Look in the story for the antonyms of the following words.

1. el menor

2. detrás de

3. terminó

4. mediodía

5. nos quedamos

6. inocente

7. desobedezco

8. esconder

9. atacar

10. pequeño

⚜ ESTRUCTURAS ⚜

A. Complete each sentence using an infinitive and a direct object pronoun.

MODEL: Comí el sándwich. No quería _____.
Comí el sándwich. No quería *comerlo.*

1. No robé la bolsa. Nunca pensé _____.

2. No oí los gritos. No podía _____.

3. Aquí traigo el televisor. No fue fácil _____.

4. Obedezco las leyes. Todos tenemos que _____.

5. Siempre me golpeas con el codo. ¡Deja de _____!

6. ¿Te alarmé? Perdón. No quería _____.

7. La vecina regaña a nosotros. Le gusta _____.

8. Te devuelvo estos discos compactos. Quise _____ ayer.

9. Puse la cámara en el cajón. No sabía dónde _____.

10. Sí, examiné los paquetes. Tuve que _____.

B. Complete each sentence by changing the adjective in parentheses to its adverb form.

1. El acusado parecía hablar _____. *(sincero)*
2. El robo ocurrió muy _____. *(rápido)*
3. Los ladrones corrieron _____. *(lento)*
4. _____ los policías llegaron pronto. *(natural)*
5. Te digo _____ que no vi nada. *(simple)*
6. El mayor de los jóvenes nos habló _____. *(arrogante)*
7. _____ no nos paseamos a esas horas. *(general)*
8. El hombre rico se viste _____ para confundir a los ladrones. *(humilde)*
9. _____, su esposa se pone ropa elegante. *(desafortunado)*
10. Ellos entraron y salieron _____. *(silencioso)*

⬥ VERBOS ⬥

A. Rewrite each sentence, changing the main verb from the present to the preterite tense.

1. No puedo despertarme temprano.
2. ¿A qué hora vienes?
3. Queremos explicar la situación.
4. Me detengo para ayudar a la gente mayor.
5. Ellos no se equivocan.
6. Ando en el centro comercial.
7. ¿Cuándo vuelven los policías?
8. El guardia nos acompaña al estacionamiento.
9. Los empleados van al sótano para trabajar.
10. No sé qué decirte.

B. Change each main verb in exercise A from the preterite to the imperfect tense.

26.

Los inocentes
(2ª parte)

ANTES DE LEER: *¿Crees que es fácil o difícil ser un juez? ¿Por qué?*

Tercer pleito

—Señor juez, no soy vendedor de
diamantes.° Un desconocido° se me acercó en la
esquina y me dijo: "Amigo, tú me pareces muy
honrado. Toma este paquete y guárdalo en tu
bolsillo porque tengo un agujero° en el mío. Voy
a casa para remendar° mi bolsillo y regreso en

diamantes diamonds
desconocido stranger

agujero hole
remendar to mend

unos minutos". Pues, yo creí lo que me dijo. Me dio el paquete y luego él desapareció.

10 —En ese momento llegaron mis amigos y me dijeron: "¡Abre el paquete! Tal vez contiene contrabando". Pues, entramos en un zaguán y estábamos abriendo con cuidado el paquete cuando llegó una agente de policía y me
15 condujo a la cárcel.

Cuarto pleito

 —Yo soy culpable —dijo el cuarto acusado—, de competir con el gobierno. Es decir, yo hago monedas que vendo mucho más baratas que las
20 del gobierno. Por patriotismo voy a renunciar a este negocio y me ganaré la vida de manera más honrada.

 El juez, después de escuchar el testimonio de los acusados, pronunció su veredicto:
25 —Condeno a seis meses de prisión a todos los acusados de los tres primeros pleitos. Y suspendo la condena° del último acusado. ¡Deje libre al último acusado!

 —Señor —dijo el fiscal°—, ¿por qué dejó
30 usted libre a este hombre que ha cometido un crimen también? Era culpable. ¿Verdad?

 —Usted tiene razón, señor fiscal; este hombre sí es culpable. Pero si yo lo mando a la cárcel, todos los inocentes se quejarán. No querrán vivir
35 con un criminal. Por eso le di su libertad.

condena sentence

fiscal prosecuting attorney

☜ COMPRENSIÓN ☞

A. Escoge la frase que mejor complete cada oración.

 1. El tercer acusado puso el paquete
  a. en la esquina.
  b. en el zaguán.
  c. en el bolsillo.
  d. en el agujero.

2. —Abre el paquete —dijo

    a. el desconocido.

    b. un amigo.

    c. el policía.

    d. el juez.

3. El hombre que dijo que el último acusado no era inocente era

    a. el vendedor de diamantes.

    b. un amigo.

    c. el segundo acusado.

    d. el fiscal.

4. El juez

    a. condena a todos los acusados.

    b. condena solamente al último acusado.

    c. suspende la condena al último acusado.

    d. suspende la condena a todos los acusados.

5. Los "inocentes" se quejarán de estar en la cárcel con

    a. un criminal.

    b. los jueces.

    c. el fiscal.

    d. los policías.

B. Contesta las preguntas con oraciones completas.

    1. ¿Quién le dio un paquete al tercer acusado?

    2. Según el tercer acusado, ¿por qué le dio el paquete?

    3. ¿Qué iba a hacer el desconocido en casa?

    4. ¿Quiénes animaron al acusado a abrir el paquete?

    5. ¿Adónde fueron para abrir el paquete?

    6. ¿Qué contenía el paquete?

    7. Según el cuarto acusado, ¿de qué es culpable?

    8. ¿Qué hace el cuarto acusado?

    9. ¿Por cuánto tiempo van a estar en la cárcel los acusados?

    10. ¿Quién protestó el veredicto del juez?

C. ¿Y tú?

1. Si tienes agujeros en la ropa, ¿los remiendas o compras ropa nueva?
2. ¿Qué haces si te acercas un desconocido? ¿Por qué?
3. ¿Te gustan las competencias? ¿Por qué?
4. ¿Qué te gustaría ser: juez, fiscal o abogado que defiende a los acusados?
5. ¿Estás de acuerdo con el veredicto del juez? Explica tu respuesta.

◖ VOCABULARIO ◗

A. Word Groups: Circle the word in each group that does not belong.

1. acusado, culpable, prisionero, fiscal
2. diamantes, piedras, rubíes, safiros
3. decisión, defensa, veredicto, condena
4. tribunal, prisión, cárcel, penitenciaría
5. ganar, triunfar, superar, perder
6. pesos, dólares, colones, monedas
7. zaguán, techo, entrada, pasillo
8. abrir, contener, incluir, encerrar
9. decir, declarar, pronunciar, negar
10. mes, minuto, momento, segundo

B. Synonyms: Find a word in the story that is related to each of the following.

1. entregó
2. cierto
3. anónimo
4. magistrado
5. sentencia
6. vino cerca
7. fabrico
8. nacionalismo
9. oír
10. ponga en libertad

⫷ ESTRUCTURAS ⫸

Complete each sentence by using the superlative *(-est, most)* of the word in parentheses.

1. La señora Hernández es _____ de todas las mujeres. *(honrado)*
2. Ese cuento es _____ de los que escuché. *(increíble)*
3. Nuestros abogados son _____ de todos. *(apto)*
4. Sin duda este paquete es _____ de los que vi. *(misterioso)*
5. Estas joyas son _____ del mundo. *(precioso)*
6. Estas preguntas son _____ que he tenido que contestar. *(difícil)*
7. La bolsa de cuero es _____ de todas. *(costoso)*
8. El juez es _____ que se puede hallar. *(justo)*
9. Aquellos criminales son _____ de toda la ciudad. *(tonto)*
10. Este cuento es _____ que he leído. *(divertido)*

⫷ VERBOS ⫸

A. Complete each sentence using the present perfect tense of the verb in parentheses.

1. ¡Socorro! El prisionero _____. *(desaparecer)*
2. ¿_____ ustedes a un hombre vestido de prisionero? *(ver)*
3. Nunca _____ un prisionero en mi vida. *(perder)*
4. ¡Señor! Nosotros _____ a un hombre sospechoso. *(observar)*
5. ¡Tú _____ el contrabando! *(esconder)*
6. ¡No fui yo! No te _____ una mentira. *(decir)*
7. Fue tu cómplice que te _____ las joyas. *(robar)*
8. Gumersindo _____ un mapa del tesoro. *(dibujar)*
9. Nosotros _____ todo el contrabando en ese paquete. *(poner)*
10. Ellos lo _____ en las montañas. *(enterrar)*

B. Change the main verbs in exercise A to the preterite tense.

27.
En línea

ANTES DE LEER: *¿Cómo son tus conocimientos sobre el uso de las computadoras? ¿Qué importancia tienen hoy en día para ti las computadoras? ¿Qué futuro tienen?*

Carolina, joven estudiante, va a pasar el próximo año escolar en Argentina. Antes de su partida,° su amiga Beatriz comenta:

—Afortunadamente vivimos en la era de la
5 comunicación. No tendremos que esperar a que lleguen° las cartas por correo, ni tendremos cuentas enormes de larga distancia. Podremos

partida departure

lleguen arrive

comunicarnos por Internet; la familia con quien vivirás estará conectada. Hoy casi todo el mundo lo está.

—Ay, Beatriz —responde Carolina—, sabes cómo soy con la computadora. Siempre estoy nerviosa pensando que borraré el programa o bajaré° un virus. No sé manejar° el Internet.

—Mira, Carolina —dice Beatriz—, haces clic dos veces en el ícono del navegador. Asegúrate° de que tu módem esté enchufado° a la línea telefónica. Después haces clic en el ícono para correo electrónico. Escribes el mensaje y finalmente con otro clic sobre "enviar" lo mandas. Es todo. Llámame si tienes algún problema.

En Buenos Aires, Carolina, aunque ansiosa por comunicarse con su amiga, está nerviosa pensando que algo malo le pasará a la computadora. Para tranquilizarse prende° una vela aromatizadora.° La chica sigue paso a paso las instrucciones. Todo está funcionando como dijo Beatriz, pero de repente, la pantalla° de la computadora queda negra. Carolina oprime° una y otra tecla,° pero la pantalla continúa negra. Angustiada,° llama a su amiga por el celular.° Beatriz trata de calmarla dándole otras instrucciones, pero Carolina dice:

—¡No pasa nada!

—Revisa la conexión de los cables —le aconseja Beatriz.

—No puedo, no veo nada —contesta Carolina.

—¿Cómo? ¿No ves nada? —le responde Beatriz.

—Sí —dice Carolina—, no veo nada. ¡Hace rato que se fue la luz en toda la casa!

bajaré I'll download
manejar to use, handle

Asegúrate Make sure
enchufado connected

prende she lights

vela aromatizadora scented therapeutic candle
pantalla screen
oprime presses
tecla key *(of a keyboard)*
Angustiada Upset
celular cell phone

⮰ COMPRENSIÓN ⮱

A. Completa las oraciones con la palabra o frase apropiada.

1. Carolina es
   a. profesora.
   b. argentina.
   c. amiga de Beatriz.
   d. hermana de Beatriz.

2. Beatriz y Carolina se podrán comunicar
   a. por larga distancia.
   b. por Internet.
   c. por correo aéreo.
   d. por el celular.

3. Carolina dice que
   a. maneja el Internet a la perfección.
   b. maneja muy bien el Internet.
   c. sabe manejar un poquito el Internet.
   d. no sabe manejar el Internet.

4. Beatriz le explica a Carolina cómo usar
   a. el correo electrónico.
   b. el virus.
   c. la pantalla.
   d. el módem.

5. La pantalla de la computadora quedó oscura porque
   a. se dañó la computadora.
   b. Carolina prendió una vela aromatizadora.
   c. se fue la luz en toda la casa.
   d. Carolina no revisó la conexión de los cables.

B. Contesta las preguntas con oraciones completas.

1. ¿Adónde viaja Carolina?
2. ¿Quién es Beatriz?
3. ¿Cómo llaman la era en que vivimos?
4. ¿Qué ventaja tiene el Internet sobre el correo aéreo?
5. ¿Por qué ponen nerviosa a Carolina las computadoras?
6. Para que funcione, ¿cuántas veces debes hacer clic sobre el ícono para correo electrónico?
7. ¿Qué prende Carolina para tranquilizarse?
8. ¿Por qué queda negra la pantalla de la computadora de Carolina?

C. ¿Y tú?

1. ¿Usas con frecuencia la computadora? ¿Para qué?

2. ¿Te pones nervioso(a) cuando usas una computadora? ¿Por qué?

3. ¿Por qué son tan populares los celulares?

4. ¿Prefieres el Internet o el celular para comunicarte con tus amigos? ¿Por qué?

5. ¿Cómo te parece la idea de pasar un año escolar en Argentina?

6. ¿Conoces a alguien que vive en el extranjero? ¿Quién es?

7. ¿Cuándo fue la última vez que se fue la luz en toda tu casa?

8. ¿Cuándo fue la última vez que estuviste fuera de tu estado o de tu país? ¿Adónde fuiste?

⅏ VOCABULARIO ⅏

A. Cognates: Look in the story for the Spanish cognates of these English words.

1. instructions	**10.** comment
2. nervous	**11.** future
3. fortunately	**12.** importance
4. communication	**13.** enormous
5. connection	**14.** calm
6. anxious	**15.** distance
7. functioning	**16.** family
8. icon	**17.** anguished
9. electronic	**18.** scholar

B. Synonyms: Find words of similar meaning in the story.

1. el ordenador

2. hablar

3. enciende

4. pulsa

5. sigue

6. ocurre

C. Antonyms: Find words of opposite meaning in the story.

1. agitarse

2. poco a poco

3. tranquila

4. vieja

5. pasado

6. nadie

◄ ESTRUCTURAS ►

Complete these sentences with the correct preposition.

1. Necesito hablar _____ teléfono.
2. Te mandé la información _____ correo electrónico.
3. Hay que seguir las reglas paso _____ paso.
4. ¿Hay algún mensaje _____ mí?
5. Tengo muchas ganas _____ hablar contigo.
6. _____ hablar bien el español, hay que practicarlo.
7. ¿_____ cuándo estará la computadora?
8. Manolo pasa _____ mi casa todos los viernes.

◄ VERBOS ►

A. *Saber* **or** *conocer?* Complete the following sentences with either *saber* or *conocer* in the present tense.

1. ¿_____ tú España?
2. Manolo _____ bailar muy bien.
3. Yo _____ que no quieres venir.
4. Isabel _____ cómo llegar al museo.
5. Nosotras _____ la lección perfectamente.
6. ¿_____ Uds. a la profesora de historia?
7. ¿_____ (tú) cantar?
8. Yo _____ que ésta no es la respuesta correcta.
9. Los chicos _____ hacerlo muy bien.
10. Mi madre _____ muchas canciones.

B. Complete the following sentences using the future tense of the verbs in parentheses.

1. _____ yo mañana a las seis de la tarde. *(salir)*
2. A veces Gregorio piensa que _____ el programa de la computadora. *(borrar)*
3. Nosotros _____ en Madrid dos semanas. *(estar)*
4. ¡No te preocupes! Nosotros _____ mucho cuidado. *(tener)*
5. Marta _____ la mesa esta noche. *(poner)*
6. Creo que ellos _____ a eso de las nueve. *(salir)*
7. Los chicos _____ las cartas mañana. *(escribir)*
8. El gato _____ del árbol. *(bajar)*
9. Ignacio _____ a vernos pronto. *(venir)*
10. ¿A qué hora _____ tú de la oficina? *(salir)*

C. Present Subjunctive: In the story you saw two examples of the present subjunctive: *lleguen* and *esté*. Notice that their forms are the same as the formal command. Complete the following sentences using the present subjunctive of the verbs in parentheses.

1. Tienes que esperar a que _____ la profesora. *(llegar)*
2. Vamos a esperar a que los niños _____ de jugar. *(terminar)*
3. Después de que _____ los alumnos entraremos al cuarto. *(salir)*
4. Quiero que ella me _____. *(ayudar)*
5. Cuando _____ mi padre te llamaré. *(venir)*
6. ¿Quieres que Juanita te _____ el cuento? *(leer)*
7. Espero que ellos _____ a tiempo. *(llegar)*
8. Cuando _____ el sol iremos a la playa. *(salir)*
9. Quiero que _____ estas cartas mañana. *(llegar)*
10. Espero que ella _____ mejor. *(encontrarse)*

◖◗ Spanish-English Vocabulary ◖◗

A

a at, to
  a causa de because of
  a eso de about, around *(a certain time)*
  a la vez at the same time
  a menudo often
  a mi juicio in my opinion
  a partir de (hoy) from (today) on
  a propósito by the way
  a punto de (hacer) on the point of (doing)
  ¿a qué hora? at what time?
  a tiempo on time
  a través de across
  a veces sometimes
abandonar to abandon, leave
abierto, -a open, opened *(from abrir)*
abogacía law *(the legal profession)*
abogado, -a *(n.)* lawyer
abrazar to embrace, hug
abrir to open
  al abrir upon opening
absolutamente absolutely
abuelo, -a *(n.)* grandfather; grandmother
aburrido, -a boring
acabar to finish, end
  acabar de + inf. to have just *(done something)*
acceder to agree
accidentado, -a *(n.)* victim of an accident
aceptar to accept
acerca de about
  trata acerca de it deals with
acercarse a to approach, come near
acompañar to accompany
aconsejar to advise
acordarse (ue) to remember
acostarse (ue) to go to bed
acostumbrado, -a usual

acostumbrar a to be used to
activar to activate
acusado the accused
acusar to accuse
¡adiós! good-bye!
admiración *(f.)* exclamation
  signo de admiración exclamation mark
admirar to admire
¿adónde? where?
adorar to adore
aduana customs house
aeropuerto airport
afectuosamente affectionately
afortunadamente fortunately
afuera outside
  las afueras outskirts, suburbs
agarrar to grab, seize
  lo tengo agarrado I hold it tight
agente de policía *(n.; m., f.)* police officer
agotar(se) to be exhausted, worn out
agradable agreeable, pleasant
agradecer to thank, be grateful
agradecimiento gratitude, thankfulness
agua, el *(f.)* water
  agua abajo downstream
  agua arriba upstream
aguantar to stand, bear
agujero hole
ahogarse to drown
ahora now
  ahora mismo right now
  de ahora en adelante from now on
ahumado, -a smoked
  lentes ahumados dark glasses
ahumar(se) to smoke (become smoky)
aire *(m.)* air
  al aire libre outdoors
ajedrez *(m.)* chess

al (a + el) to the
  al fin in the end, finally
  al mismo tiempo at the same time
  al principio in the beginning
alarmar to alarm
albóndiga meatball
alcanzar to reach
alegrarse (de) to be glad, happy (about)
alegre happy
alegría happiness
alejarse de to move away from
álgebra *(m.)* algebra
algo something
  tiene algo he has something *(the matter with him)*
algodón *(m.)* cotton
alguien someone, somebody
algunos, -as some
alimento food
aliviar to relieve, alleviate
alivio relief
allí there
almorzar (ue) to have lunch
almuerzo lunch
alterarse to get disturbed
  sin alterarse undisturbed
altiplano highland, plateau
alto, -a high, tall
alumno, -a *(n.)* student, pupil
amable amiable, kindly
amablemente pleasantly, amiably
amar to love
amargamente bitterly
amarillo, -a yellow
ambos, -as both
amigable friendly
amigo, -a *(n.)* friend
  amiguitos little friends
amistad *(f.)* friendship
amo boss, owner
amor *(m.)* love
anciano, -a ancient, old
andar to walk
angustiado -a upset
animal (-ito) *(m.)* (little) animal
aniversario anniversary
ansioso, -a anxious
anteojos eyeglasses
antes (de) before
  cuanto antes as soon as possible
antiguo, -a old, ancient

añadir to add
año year
  año escolar school year
  año pasado last year
  año que viene next year
apagar to put out *(a fire);* to turn off *(lights, TV)*
aparcar to park
aparecer to appear, seem
apetito appetite
apenas hardly, barely
aplaudir to clap, applaud
apoyar to support
aprender to learn
apropiado, -a appropriate
aquel that
aquél that one, the former
aquí here
  aquí tiene here you are
arboleda grove, small wooded area
arder to burn
ardiente ardent, fiery
arena sand
argentino, -a *(n.)* Argentine; *(adj.)* from Argentina
argumentar to argue
arreglar to arrange
arroyo stream
arroz *(m.)* rice
  arroz con pollo chicken with rice
arruinar to ruin, destroy
asar to roast
  carne asada roast beef
asegurar to assure, ensure
  asegurarse to make sure
asesino, -a *(n.)* assassin, murderer
así thus, this (that) way, in this manner
asiento seat
asignatura school subject, discipline
asistente *(n.; m., f.)* assistant
asistir (a) to be present at, attend, go (to)
asombro astonishment
astronauta *(n.; m., f.)* astronaut
asunto matter, affair
asustarse to be frightened
atacar to attack
ataque *(m.)* attack
  ataque cardíaco heart attack
atardecer *(m.)* dusk, nightfall
atentamente attentively
aterrorizar to terrorize, scare

atleta *(n.; m., f.)* athlete
atlético, -a athletic
atónito, -a amazed, stunned, astonished
atrancarse to get stuck
atrasado, -a backward, behind the times
atreverse a to dare to
audiencia audience, hearing
aullar to howl
aumentar to increase
aunque although, even though
ausente absent
auto auto, car
auxiliar de vuelo *(n.; m., f.)* flight attendant
auxilio aid; help
avanzado, -a advanced
avanzar to advance, move forward
aventura adventure
averiguar to find out
avión *(m.)* airplane
avisar to announce
ayer yesterday
ayuda aid, help
ayudar to help
azúcar *(m., f.)* sugar
azul blue

B

bailador, -a *(n.)* dancer
bailar to dance
baile *(m.)* dance
bajar to lower, let down; to download
  bajar de to get off, go down
bajo below, under
bajo, -a short, low
balón *(m.)* ball
baloncesto basketball
banco bank
banda band
baraja de naipes deck/pack of playing cards
baratamente cheaply, less expensively
barato, -a cheap, inexpensive
barrio neighborhood, district
bastante enough, sufficient
basura garbage, refuse
batería battery; drums
beber to drink
bello, -a handsome; beautiful
besar to kiss

biblioteca library
bicicleta bicycle
bien well
  salir bien en un examen to do well on a test
bienvenida welcome
bienvenido, -a welcome
  ¡Sea bienvenido! Welcome!
billete *(m.)* bill *(money)*; ticket
biología biology
blanco, -a white
boda wedding
  procesión de boda wedding march
bodega grocery store; warehouse
bolsa purse, pocketbook
bolsillo pocket
bombero, -a *(n.)* firefighter
Cuerpo de Bomberos Fire Department
bombilla metal straw or tube *(for drinking mate)*
borrador *(m.)* eraser
borrar to erase
botella bottle
boticario, -a *(n.)* pharmacist
boxeador, -a *(n.)* boxer
Brasilia capital of Brazil
brazo arm *(of the body)*
bueno, -a good
  ¡buen provecho! hearty appetite! enjoy!
  tener buen éxito to be successful
Buenos Aires capital of Argentina
bullicio noise, hustle and bustle
burlarse (de) to make fun (of)
burro donkey
buscar to look for
  en busca de in search of
butaca armchair

C

caballero gentleman
cabeza head
  dolor *(m.)* **de cabeza** headache
cable *(m.)* cable *(wire)*
cada each
  cada cuánto how often
  cada uno, -a each one
  cada vez más more and more
caer *(irreg.)* to fall
  dejar caer to drop
café *(m.)* coffee

caja box, case
cajero, -a *(n.)* cashier
cajita small box
calentar(se) (ie) to warm (oneself)
calidad *(f.)* quality
caliente warm, hot
calificación *(f.)* grade, mark
callar(se) to keep quiet
calle *(f.)* street
   calle céntrica downtown street
calor *(m.)* heat
cama bed
camarada *(m., f.)* comrade, chum
cambiar to change
cambio change *(money)*
caminar to walk
camino road
   ponerse en camino to start out
camión *(m.)* truck
camisa shirt
campero jeep
campesino, -a *(n.)* farmer; farmer's
   wife
campo field; camp; country
   campo de juego playing field
canción *(f.)* song
cansado, -a tired
cansarse to be tired, grow weary
cantante *(n.; m., f.)* singer
cantidad *(f.)* quantity, amount
cara face
cárcel *(f.)* jail, prison
cardíaco, -a heart, cardiac
   ataque cardíaco heart attack
carne *(f.)* meat
carnicería butcher shop
carnicero, -a *(n.)* butcher
caro, -a expensive
carrera trip *(in a taxi)*
carta menu; letter
casa house
   casa de apartamentos apartment
   house
casado, -a married
casarse con to marry
caso case
castellano Spanish; person from
   Castile
castigo punishment
casucha hut
catarata waterfall
causa cause
   a causa de because of

cebolla onion
celular *(m.)* cell phone
cementerio cemetery
cena dinner
cenar to dine, eat dinner
céntrico, -a downtown, in the center
   of town
centro business district
   centro comercial shopping
   center, mall
cerca (de) near, close (to)
cercano, -a near
cereza cherry
cero zero
cerrar (ie) to close, shut
certificado certificate; card
   certificado de vacunación
   vaccination certificate
   certificado gremial union card
cesar to stop, cease
   sin cesar without stopping
cesta basket; jai alai racket
cesto basket
chaqueta jacket
charlar to chat
charro Mexican cowboy
chicano, -a *(n.)* North American of
   Mexican parentage
chico, -a *(n.)* boy, girl; youngster
china poblana Mexican cowgirl
chino, -a Chinese
chiquito, -a little one; youngster
chiste *(m.)* joke
chistoso, -a funny
chofer *(m.)* chauffeur, driver
cielo sky
cien short form of *ciento*
ciencias science
ciento one hundred
   por ciento percent
cierto, -a certain; true
cimentar (ie) to cement
cine *(m.)* movie theater
cita appointment
ciudad *(f.)* city
¡claro! of course!
claro es (que) it is clear (that)
clase *(f.)* class, kind
   toda clase every kind
clic *(m.)* click
   hacer clic to click on
cliente *(n.; m., f.)* client, customer
clientela clientele

clima *(m.)* climate
cobarde *(n.; m., f.)* coward
cocina kitchen
cocinar to cook
coche *(m.)* auto, car
coger to seize, grasp
comedor *(m.)* dining room
comentar to comment, remark
comenzar (ie) to begin
comer to eat
   dar de comer to feed
comerciante *(n.; m., f.)* merchant,
   business person
cometer to commit
   cometer errores to make
     mistakes
comida dinner, meal; food
como like, as
¿cómo? how?; what?
¡cómo no! of course!
compañero, -a *(n.)* classmate
compañía company
competir (i) to compete
comportarse to behave oneself
compositor, -a *(n.)* composer, song
   writer
comprador, -a *(n.)* purchaser, buyer
comprar to buy
compras purchase(s)
   ir de compras to go shopping
comprender to understand
computadora computer
comunicación *(f.)* communication
comunicarse to communicate with
   each other
con with
   con cuidado with care, carefully
   con mucho gusto with pleasure
   dar con to meet, come upon
concentración *(f.)* concentration
concentrarse to concentrate
concierto concert
condena sentence *(judgment)*
condenar to sentence, condemn
conducir to drive; to lead, conduct
   licencia para conducir driver's
     license
conducta conduct, behavior
conectado, -a connected
conexión *(f.)* connection
confeccionar to make, put together
confianza confidence, trust
confuso, -a confused, mixed up

conjunto musical musical group,
   ensemble
conmigo with me
conocer to know, be acquainted
   with
conocido, -a well known
conseguir (i) to get, obtain
considerar to consider
consulta consultation
consultar to consult
consultorio *(medical or dental)*
   office
contar (ue) to tell, relate; to count
contento, -a content, happy
contestar to answer
contener *(irreg.)* to contain
contigo with you
continuar to continue
contra against
contrabando contraband, stolen
   goods
contrario, -a opposite
convencer to convince
convenir *(irreg.)* to be worthwhile
corazón *(m.)* heart
corbata necktie
cordero lamb
cordialmente cordially, heartily
correctamente correctly
corregir (i) to correct
correo mail
   correo electrónico e-mail
correr to run
correspondiente corresponding
cortar to cut
corte *(m.)* **de pelo** haircut
cortejo procession
   cortejo fúnebre funeral
     procession
cortés courteous, polite
cortesía courtesy, politeness
corto, -a short
   corto de dinero short of money
cosa thing
costar (ue) to cost
costumbre *(f.)* habit
creer *(irreg.)* to believe, think
crimen *(m.)* crime
criminal *(n.; m., f.)* criminal
crítica review; criticism
criticar to criticize
cruzar to cross, go across
cuaderno notebook

¿cuál, -es? which?, what?
¿cuándo? when?
cuando when
  de vez en cuando from time to time
¿cuánto, -a? how much?
¿cuántos, -as? how many?, how much?
cuanto all that, as much as
  cuanto antes as soon as possible
cuartel *(m.)* police station
cuarto fourth; quarter; room
cubierta cover, lid; covered
cuenta account; bill
  darse cuenta de to realize
cuero leather
cuerpo body
cuestión *(f.)* matter
cuidadoso, -a careful
cuidar to take care of
culpable guilty
cumpleaños *(m.)* birthday
cura *(m.)* priest
curiosidad *(f.)* curiosity
curso course
cuyo, -a, -os, -as whose

D

dar to give
  dar con to meet, come upon
  dar de comer to feed
  dar golpes to knock
  dar las gracias to thank
  darse cuenta de to realize
  dar un paseo to take a walk
  dar voces to scream, shout
de of, from
  de acuerdo agreed
  de nuevo again
  de otro modo otherwise
  de pronto suddenly
  de repente suddenly
  de veras truly
  de vez en cuando from time to time
deber to owe; to have to
deberes *(m., pl.)* homework
decente decent
decidir to decide
decir *(irreg.)* to say, tell
  decir mentiras to lie
  decirse to say to oneself
  querer decir to mean

defender(se) (ie) to defend (oneself)
dejar to allow, let; to leave
  dejar a un lado to put aside
  dejar caer to drop
  dejar de + *inf.* to stop *(doing something)*
  dejar saber to let on
del (de + el) of the
delante (de) in front (of)
demasiado, -a *(adj.)* too much; *(adv.)* too
dentista *(m., f.)* dentist
dentro (de) within, inside
  dentro de poco in a short time
deporte *(m.)* sport
derecho, -a right
  a la derecha to the right, on the right
desafortunadamente unfortunately
desafortunado, -a unlucky, unfortunate
desagradable disagreeable
desaparecer to disappear
desayunarse to eat breakfast
desayuno breakfast
descansar to rest
descanso rest
desconectar to disconnect
desconocido, -a *(n.)* stranger
descortés impolite
descubrir to find, discover
desde from, ever since
  ¡desde luego! of course!
desdén *(m.)* contempt
desear to want, desire
deseoso, -a desirous, willing
desgraciado, -a unfortunate
desocupado, -a empty, unoccupied
despacho office
despedirse (i) de to say good-bye to
desperdicio waste
despertarse (ie) to wake up
después (de) after
destruir *(irreg.)* to destroy
detener(se) *(irreg.)* to stop (oneself); to detain
devolver (ue) to return *(something)*
día *(m.)* day
  hoy día nowadays
diamante *(m.)* diamond
diccionario dictionary
difícil difficult, hard
difunto, -a dead

dígame (usted) *(formal command)*
tell me
dime (tú) *(familiar command)* tell me
dinero money
Dios God
  por dios for God's sake
dirección *(f.)* address; direction
dirigirse a to turn to, address; to go
toward
discurso speech
discusión discussion, argument
disfrutar to enjoy
dispensar to excuse, forgive
dispuesto, -a inclined, willing
disputa argument
distinguido, -a distinguished,
refined, fine
distinto, -a different
distraído, -a absent-minded
distribuir *(irreg.)* to distribute
divertirse (ie, i) to amuse oneself,
have a good time
dividir to divide
doble double
docena dozen
dolor *(m.)* pain
  dolor de cabeza headache
  dolor de estómago stomachache
  dolor de muelas toothache
¿dónde? where?
dormir (ue, u) to sleep
  dormir la siesta to take a nap
  dormirse to fall asleep
duda doubt
dueño, -a *(n.)* owner
dulce sweet
dulces *(m., pl.)* candy
durante during
duro, -a hard

E

e and *(before an* i *sound)*
echar to put
  echar la siesta to take a nap
edificio building
ejemplo example
  por ejemplo for example
embarcar to embark, board
emergencia emergency
emparejar to match
empezar (ie) to begin
emplear to employ, use
empleo job

en in
  en apuros in a hurry; in a fix
  en este entonces at this time
  en este momento at this moment
  en punto exactly, sharp
    (exact time)
  en voz alta out loud
encender (ie) to light; to kindle
enchufar to connect
encogerse de hombros to shrug
  one's shoulders
encontrar (ue) to find
  encontrarse con to meet
enemigo enemy
enfadarse to get angry
énfasis *(m.)* emphasis, stress
enfermero, -a *(n.)* nurse
enfermo, -a ill, sick; *(n.)* sick person
engañar to deceive, cheat
  engañarse to be mistaken
engaño deception
enojar(se) to get angry
enorme huge, enormous
enseguida immediately
enseñanza teaching *(profession)*
enseñar to teach; to show
ensuciar to soil, get dirty
entender (ie) to understand
entero, -a entire
enterrar (ie) to bury
entonces then
  en este entonces at this time
entrada entrance
entrar to enter
entre between
entregar to deliver, hand over
enviar to send
envidia envy, jealousy
equipo team
equivocarse to be mistaken, make a
  mistake
era *(n.)* era, age
es que... it's just that . . .; what hap-
  pens is . . .; the truth is . . .
escaparate *(m.)* store window
esconder to hide
escondido, -a hidden
escopeta shotgun
escribir to write
escritor, -a *(n.)* writer
escuchar to listen
escuela school
esfuerzo effort

eso that
  a eso de las tres about three
    o'clock
  por eso for that reason
espacio space, room
esperar to wait for; to hope
esposa wife, spouse
esposo husband, spouse
esquina corner
establecer to establish
estación *(f.)* season; station
  estación de subterráneo subway
    station
estadística statistic
estado state
  Estados Unidos United States
estar to be
  está bien it's all right
  estar para to be ready
  estar por (terminar) to be about
    to (end)
este, esta, esto this
estimar to estimate
estos, estas these
estrechar to stretch
  estrechar la mano to shake
    hands
estrella star
estudiar to study
estudios studies
estufa stove
estúpido, -a stupid
exageración *(f.)* exaggeration
exagerar to exaggerate
examen *(m.)* test, examination
examinar to examine, inspect
excelente excellent
excusa excuse
existir to exist
éxito success
explicación *(f.)* explanation
explicar to explain
exportador, -a *(n.)* exporter
extranjero, -a foreign

F

fabricante *(n.; m., f.)* manufacturer
fábula fable
fácil easy
facilidad *(f.)* ease
falda skirt
falta fault; lack
  por falta de for lack of

faltar to lack, need
familia family
fantasía fantasy
fantástico, -a fantastic
farmacéutico, -a *(n.)* pharmacist
farmacia pharmacy, drugstore
fastidiar to annoy
fastidio nuisance, annoyance
fatigado, -a tired
favor *(m.)* favor
  por favor please
favorito, -a favorite
felicitar to congratulate
feliz happy
fenomenal phenomenal, stupendous
feo, -a ugly
feroz fierce
festividad *(f.)* merrymaking, partying
fiesta party; holiday; celebration
  fiesta sorpresa surprise party
filósofo, -a *(n.)* philosopher
fin *(m.)* end
  al fin finally
fiscal *(n.; m., f.)* prosecuting attorney
física physics
físico, -a *(n.)* physicist; *(adj.)* physical
flor *(f.)* flower
folclórico, -a folkloric
  música folclórica folk music
fondo rear, farthest end, back
fortuna fortune, luck
fragancia fragrance, smell
francés, francesa *(n.)* French person
frecuentemente frequently
frente *(f.)* forehead
fresco, -a fresh, cool
frito, -a fried
frontón *(m.)* jai alai court
fruta fruit
fuego fire
fuerte strong; loud; hard *(work)*
fuerza strength
funcionar to function, work
fúnebre mournful
  cortejo fúnebre funeral
    procession
furia fury; anger

G

gafas eyeglasses
  gafas de sol sunglasses
gana desire
  tener ganas de to feel like

ganado cattle
ganador, -a *(n.)* winner
ganar to win
  ganar(se) la vida to earn a living
ganga bargain
garbanzo chick pea
gastar to spend
  gastar tiempo to waste time
gasto expense
gato cat
genio genius
gente *(f.)* people
geometría geometry
gerente *(n.; m., f.)* manager
gimnástica gymnastics
gitano, -a *(n.; adj.)* gypsy
globo globe
gobierno government
golpe *(m.)* blow, knock
  dar golpes to knock
golpear to hit, beat
gozar to enjoy
gracia grace; fun
gracias thanks
  dar las gracias to thank
gracioso, -a funny
grado grade, term
graduar to graduate
grande *(adj.)* big, great; grown-up, adult
grandísimo, -a very big
gremial *(m.)* member of a union
  certificado gremial union card
gritar to scream, shout
grupo group
guapo, -a handsome; pretty
guarda *(n.; m., f.)* guard
guardar to keep; to protect
guardia *(n.; m., f.)* guard
guardián *(m.)* **nocturno** night watchman
guerra war
guía *(n.; m., f.)* guide; advisor
  guía *(f.)* **telefónica** telephone directory
guitarrista *(n.; m., f.)* guitarist
gustar to like, be pleasing
gusto pleasure
  con mucho gusto with great pleasure

H

haber to have *(followed by a past participle)*
  había there was; there were
  hay there is; there are
habichuela kidney bean
hábil clever
habitante *(n.; m., f.)* inhabitant
habitar to inhabit
habla, el *(f.)* speech
  de habla hispana Spanish-speaking
hablador, -a *(adj.)* talkative; *(n.)* talker
hablar to speak
hacer *(irreg.)* to do; to make
  hace buen tiempo it's nice weather
  hace calor it's hot/warm
  hace frío the weather is cold
  hace juego matches
  hace mal tiempo the weather is bad
  hace ocho días a week ago
  hacer clic to click on
  hacer daño to harm
  hacer mal to do harm; to make sick
  hacer publicidad (de) to promote, advertise
  hacerse to become
  hacer una pregunta to ask a question
  hacer un viaje to take a trip
  ¿qué tiempo hace? how's the weather?
hacha, el *(f.)* hatchet
hallar to find
  hallarse to be, find oneself
hambre, el *(f.)* hunger
  tener hambre to be hungry
hasta until
  ¡hasta la vista! so long!
hay there is; there are
hecho deed, act; event
helado ice cream
hermano, -a *(n.)* brother; sister
hermoso, -a beautiful
héroe *(m.)* hero
heroina heroine
hijito, -a *(n.)* sonny; little daughter
hijo, -a *(n.)* son; daughter

hispano, -a Spanish, Hispanic
historia story; history
hombre *(m.)* man
hombro shoulder
  encogerse de hombros to shrug
  one's shoulders
honrado, -a honest
hora hour; time
horario program, timetable
hoy today
huarache *(m.)* Mexican sandal
huérfano, -a *(n.)* orphan
hueso bone
huevo egg
huir to flee
humanidad *(f.)* humanity

I

ícono icon
idealista *(n.; m., f.)* idealist; *(adj.)*
  idealistic
iglesia church
imaginación *(f.)* imagination
imitar to imitate, mimic
imperfecto, -a imperfect
importar to matter, be important
  no me importa it makes no
  difference to me
impresión *(f.)* impression
  crear una buena impresión to
  make a good impression
incendio fire
incidente *(m.)* incident, happening
inclusive even
indio, -a *(n.)* Indian
individuo individual
ingeniería engineering
ingeniero, -a *(n.)* engineer
ingenioso, -a ingenious, clever
inglés *(m.)* English *(language)*
inhalar to inhale, breathe
inmediatamente immediately, at
  once
inmigrante *(n.; m., f.)* immigrant
insistir (en) to insist (on/upon)
instrucciones *(f. pl.)* directions,
  instructions
instrumental instrumental
inteligencia intelligence
inteligente intelligent
intentar to intend, try
interesante interesting

interesarse to be interested
interplanetario, -a interplanetary
interpretar to interpret
interrogación *(f.)* question
  signo de interrogación question
  mark
interrogar to interrogate, question
interrumpir to interrupt
inventado, -a imagined, made up
inventar to invent, make up
invierno winter
invitación *(f.)* invitation
invitado, -a *(n.)* guest; *(p.p.)* invited
invitar to invite
ir *(irreg.)* to go
  ir de compras to go shopping
  irse to go away
irritado, -a irritated
irritar to irritate
italiano, -a *(n.; m., f.)* Italian
izquierdo, -a left
  a la izquierda to the left, on the
  left

J

jalar to pull
jardín *(m.)* garden
jerez *(m.)* sherry, wine
juego game
  campo de juego playing field
juez *(n.; m., f.)* judge
jugada play *(of a game)*
jugar (ue) to play
jugo juice
juguete *(m.)* toy
juicio judgment
justificado, -a justified
justo, -a fair
juzgado court
juzgar to judge

K

kilómetro kilometer *(5/8 of a mile)*

L

ladrar to bark
ladrido bark *(sound made by a dog)*
ladrón *(m.)* thief
lanzar(se) to throw (oneself)
larga distancia long distance
  (telephone)
lástima shame, pity
lavar to wash

leal loyal
lección *(f.)* lesson
leche *(f.)* milk
leer *(irreg.)* to read
legumbre *(f.)* vegetable
lejos (de) far (from)
  a lo lejos in the distance
lema *(m.)* motto
lengua language; tongue
lentamente slowly
lentes *(m., f.)* eyeglasses
  lentes ahumados dark glasses
leña firewood
león *(m.)* lion
letrero sign
levantar to raise
  levantarse to get up; to stand up
libertad *(f.)* freedom
libre free
  dejar libre to let go, release
  (prisoner)
libro book
licencia license
  licencia para conducir driver's
  license
liceo school
limpiar to clean
limpio, -a clean
lindo, -a pretty
lingüística linguistics
lista list
  lista de platos bill of fare, menu
listo, -a smart, clever; ready
  estar listo to be ready
literatura literature
llamar(se) to call; to be named
  llamar a la puerta to knock at the
  door
llegada arrival
llegar to arrive
  llegar a ser to become
llenar to fill
lleno, -a full
llevar to take, carry; to wear
llorar to cry
lobo wolf
loción *(f.)* lotion
loco, -a crazy
lógica logic
lograr to manage, succeed
loma hill
lo que what
luego then, next, afterwards

lugar *(m.)* place
  en lugar de instead of
luna moon
luz *(f.)* light; electricity

M

madre *(f.)* mother
maestro, -a *(n.)* teacher; master
magia magic
mágico, -a magic
magnífico, -a magnificent
Majestad *(f.)* Majesty
malcontento, -a discontented
maldad *(f.)* evil, wickedness
maldecir *(irreg.)* to curse, swear
  ¡maldiga! darn!
maleta suitcase; valise
malo, -a bad
mandar to order; to send
manejar to use, handle
manera manner, way
manjares *(f.)* food
mano *(f.)* hand
  estrechar la mano to shake
  hands
mantequilla butter
manzana apple; block, street
mañana tomorrow; morning
  mañana por la mañana
  tomorrow morning
maravilloso, -a marvelous
marido husband
marmita pot, stewpot
mas but
más more; plus
  cuanto más... tanto más the more
  . . . the more
matar to kill
matasanos, el quack doctor
mate *(m.)* Argentine tea
matemáticas mathematics
materia subject *(of a course)*
mayor older; bigger
mayoría majority, most of
media half
medianoche *(f.)* midnight
medicina medicine
médico, -a *(n.)* doctor
mediodía *(m.)* noon
medida measure
  a medida to measure, order
mejor better
  mejor dicho rather

mejorar to improve
mencionar to mention
menor younger; smaller
menos minus, less
  por lo menos at least
mensaje *(m.)* message
  mensaje electrónico e-mail
mentir (ie, i) to lie
mentira lie
menudo, -a small
  a menudo often
mercado market
merecer (zc) to deserve
mes *(m.)* month
mesa table
  poner la mesa to set the table
meter to put
  meter miedo to frighten, scare
mezclar to mix
miedo fear
  meter miedo to frighten, scare
  tener miedo (de, a) to be
  afraid/scared (of)
miembro member
mientras while
  mientras tanto in the meanwhile
millar *(m.)* thousand
minoría minority
minúsculo, -a minuscule, tiny
minuto minute
mirada gaze, look
mirar to look at
miserable *(m.)* miserable wretch
mismo, -a same
  lo mismo (que) the same (as)
moda style
modo manner, method
  de otro modo otherwise
molestar to bother, annoy
momento moment
monarquía monarchy, kingdom
moneda coin
monopatín *(m.)* skateboard
montarse to get in/on
moreno, -a brown, dark
morir (ue, u) to die
mostrar (ue) to show
mozo, -a *(n.)* waiter, server
muchísimo, -a very much, a lot
mucho, -a much
mueble *(m.)* piece of furniture; *(pl.)*
  furniture, furnishings
muerte *(f.)* death

muerto, -a dead
mujer *(f.)* woman; wife
mundo world
  todo el mundo everybody
músculo muscle
museo museum
músico, -a *(n.)* musician
muy very

N

nada nothing
nadar to swim
nadie nobody, no one
naipes *(m.)* cards, playing cards
  baraja de naipes deck/pack of
  cards
naranja orange *(fruit)*
natación *(f.)* swimming
naturalmente naturally
navegador *(m.)* navigator, server
  (Internet)
Navidad *(f.)* Christmas
necesario, -a necessary
necesidad *(f.)* necessity, need
necesitar to need
necio, -a foolish
negarse a (ie) to refuse to
negocio business
negro, -a black
nene, nena *(n.)* baby
nevar (ie) to snow
ni neither, nor
nieto, -a *(n.)* grandson; granddaughter; grandchild
nieve *(f.)* snow
ninguno, -a none, not one
niñez *(f.)* childhood
niño, -a *(n.)* boy; girl; child
noche *(f.)* night
nocturno, -a night, nocturnal
  guardián nocturno night
  watchman
nombrar to name
nombre *(m.)* name
norteamericano, -a North American
nota note; grade, mark
notar to note; to mark
noticias news
novio, -a *(n.)* sweetheart; groom;
  bride
nube *(f.)* cloud
nuevamente again
nuevo, -a new

de nuevo again
numerar to number
número number
nunca never

O

o or
obedecer to obey
obstante withstanding
  no obstante however
obtener *(irreg.)* to obtain
ocupado, -a busy; occupied
ocupar to occupy
ocurrir to occur
oficina office
ofrecer to offer
oír *(irreg.)* to hear
ojo eye
oler *(irreg.)* to smell
olor *(m.)* smell, odor
olvidar(se) to forget
ombú *(m.)* tree native to Argentina
ómnibus *(m.)* bus
opinar to have an opinion; to comment
opinión *(f.)* opinion
oportunidad *(f.)* opportunity
oportuno, -a opportune
oprimir to press
optimista *(n.; m., f.)* optimist
oración *(f.)* sentence
oreja (outer) ear
orquesta orchestra
orquestal orchestral
oscuridad *(f.)* darkness
oscuro, -a dark
otro, -a other
  de otro modo otherwise
  otra vez again

P

paciencia patience
paciente *(adj.)* patient; *(n.; m., f.)* patient
pacífico, -a peaceful
padre *(m.)* father; *(pl.)* parents
pagar to pay
país *(m.)* country, nation
paisaje *(m.)* landscape, scenery
pájaro bird
palo stick
palabra word
pan *(m.)* bread

panadería bakery
pantalla screen
pantalón *(m.)* pants
pantalones *(m.)* pants
papa potato
papá dad
papel *(m.)* paper
paquete *(m.)* package
par *(m.)* pair
para for *(the purpose)*
  para colmo de males to make matters worse
  para que in order that
parador *(m.)* Spanish government hotel
parar to stop
parecer to seem
pariente, -a *(n.)* relative
parque *(m.)* park
parte *(f.)* part
  por todas partes everywhere
partida departure
partido match, game
partir to depart
  a partir de (hoy) from (today) on
pasar to pass; to happen
  pasar por la calle to go through the street
pasajero, -a *(n.)* passenger
pasaporte *(m.)* passport
pasatiempo pastime
pasear(se) to take a walk
paseo walk
  dar un paseo to go for a walk
paso step
  paso a paso step by step
pata paw; leg *(of an animal)*
patio courtyard
patria native land
patriotismo patriotism
pavimento pavement
paz *(f.)* peace
pedazo piece, lump
pedir (i) to ask for
  pedir prestado to borrow
película film
peligroso, -a dangerous
pelo hair
  cortarse el pelo to get a haircut
pelota ball
pelotero, -a *(n.)* ballplayer
pensamiento thought, thinking
pensar (ie) to think

peor worse
pequeño, -a small
percusión *(f.)* percussion
perder (ie) to lose
   perder el tiempo to waste time
perezoso, -a lazy
perfección *(f.)* perfection
periódico newspaper
permiso permission
permitir to permit, allow
pero but
pertenecer to belong
perro dog
pescado fish
peseta Spansh coin
   ¡salud y pesetas! to your health!
pierna leg
pimienta pepper
pinchado, -a punctured
   llanta pinchada flat tire
pintor, -a *(n.)* painter
pintoresco, -a picturesque, colorful
piscina swimming pool
piso floor, story *(of a building)*
pizarra chalkboard
placer *(m.)* pleasure
plato plate; dish *(entrée)*
   lista de platos bill of fare, menu
playa beach
plaza plaza, town square
pleito case, lawsuit
población *(f.)* population
poblador, -a *(n.)* townsman;
   townswoman; inhabitant
poblar to populate, inhabit
pobre poor
pobrecito, -ita poor little one
pobreza poverty
poco, -a little; *(pl.)* few
   dentro de poco in a short time
poder (ue) *(irreg.)* to be able
poeta *(n.; m., f.)* poet
policía *(f.)* police force; *(m., f.)*
   police officer
política politics
político, -a *(n.)* politician
pollo chicken
pompa procession
poner *(irreg.)* to put, place
   poner fuera to put out
   poner la mesa to set the table
   poner pleito to start a lawsuit
   ponerse to put on; to become

ponerse a + *inf.* to begin to
   (do something)
por for
   por ciento percent
   por consiguiente consequently
   por Dios for God's sake
   por falta de for lack of
   por fin finally, at last
   por lo menos at least
   por lo visto obviously
   ¿por qué? why?
   por separado separately,
   individually
   por supuesto of course
   por todas partes everywhere
   por tu cuenta by yourself, on
   your own
porción *(f.)* portion, serving
pordiosero, -a *(n.)* beggar
porque because
porteño, -a *(n.)* inhabitant of
   Buenos Aires
precioso, -a precious
preferencia preference
preferir (ie, i) to prefer
pregunta question
   hacer una pregunta to ask a
   question
preguntar to ask
premio prize
prenda article *(of clothing)*
prender to light
preocupado, -a worried
preocuparse to worry
preparar to prepare, make
presentar to present, introduce
   presentar un examen to take a
   test
presente *(m.)* present tense
prestar to lend
   prestar atención to pay attention
primario, -a primary
primeramente first, firstly
primero, -a first
primo, -a *(n.)* cousin
princesa princess
principal main, most important
príncipe *(m.)* prince
principio beginning
   al principio at the beginning
prisión *(f.)* prison
probar (ue) to try; to prove; to taste
procesión *(f.)* parade

programa *(m.)* program
prometer to promise
pronto quickly, soon
  de pronto suddenly
  lo más pronto posible as soon as
    possible
propiedad *(f.)* property
propietario, -a *(n.)* owner, propri-
  etor
propina tip, gratuity
propósito purpose; proposal
  a propósito by the way
protección *(f.)* protection
proteger to protect
protesta protest
protestar to protest, complain
provecho profit, advantage
  ¡buen provecho! hearty appetite!
próximo, -a next
publicidad *(f.)* publicity
  hacer publicidad (de) to
    promote, advertise
pueblo town, small town, village
puente *(m.)* bridge
puerta door
pues then
puesto position, post
punta tip
  punta de la lengua tip of the
    tongue
punto point, period
  a punto de (hacer) on the point
    of (doing)
  en punto exactly, sharp
    (exact time)
puntuación *(f.)* punctuation
puro, -a pure

Q

que who, whom, which, what, that,
  than
¿qué? what?
  ¿por qué? why?
¡qué... ! what . . . !
quebrada ravine
quedarse to remain, stay
queja complaint
quejarse to complain
quemar to burn
querer *(irreg.)* to want, wish; to love
  querer decir to mean
querido, -a beloved, dear
queso cheese

¿quién, -es? who?
  ¿a quién? (to) whom?
  ¿de quién? whose?
química chemistry
químico, -a *(n.)* chemist
quinto, -a fifth
quisiera *(from* **querer***)* I would like

R

rabo tail
rápidamente rapidly, quickly
rascacielos, el skyscraper
rayo ray
raza race of people
razón *(f.)* reason
  tener razón to be right
razonar to reason
rebelde *(n.; m., f.)* rebel
recibir to receive
recién, reciente recent
  recién casado newlywed
recoger to pick up, gather
reconocer to recognize
recordar (ue) to recall, remember;
  to remind
recto, -a honest
referir (i) a to refer to
refrán *(m.)* saying
refresco refreshment
regalar to give a gift
regalo gift
regla rule
regresar to return, go bak
reina queen
reír *(irreg.)* to laugh
  reírse de to make fun of
reloj *(m.)* watch, clock
  reloj despertador alarm clock
remedio remedy
  no hay más remedio que the
    only thing to do is
remendar (ie) to mend, fix
renunciar (a) to renounce, give up
repartir to share; to divide
residente *(n.; m., f.)* resident
residir to reside
respetar to respect
respirar to breathe
responder to answer, respond
respuesta answer
resolver (ue) to resolve
resuelto, -a resolved, determined
resumen *(m.)* summary

resumir to summarize
reunir to gather, unite, get together
revisar to check, look over
revista magazine
revolver (ue) to revolve; to stir
rey *(m.)* king
rico, -a rich
río river
robar to rob, steal
rogar (ue) to ask, beg, plead
rojo, -a red
romper to break
ronda round
ropa clothes
   tienda de ropa clothing store
roto, -a broken
rótulo label, sign
ruido noise
ruidoso, -a noisy
ruina ruin

S

saber *(irreg.)* to know (how)
sabio, -a wise, learned
sabroso, -a tasty, delicious
sacar to take out
   sacar una buena nota to get a
   good grade
saco sack, bag
sacudir to shake
sal *(f.)* salt
sala hall, parlor
salir to go out, leave
   salir bien (mal) to do well
   (badly)
saltar to jump
salud *(f.)* health
   ¡salud y pesetas! to your health!
saludar to greet
salvaje savage, wild
sangre *(f.)* blood
santo, -a *(n.)* saint
sarcasmo sarcasm
sarcástico, -a sarcastic
sartén *(m., f.)* skillet, frying pan
sastre *(m.)* tailor
sastrería tailor's shop
secretario, -a *(n.)* secretary
secundario, -a secondary
   escuela secundaria high school
sed *(f.)* thirst
   tener sed to be thirsty
seguir (i) to follow; to continue

según according to
segundo, -a second
   de segunda mano second-hand,
   used
seguridad *(f.)* security, safety
seguro, -a sure; safe
semana week
semestre *(m.)* school term
sencillo, -a simple, easy
sentado, -a seated
sentarse (ie) to sit down
   siéntese *(formal command)* sit
   down
sentido sense
   sentido de humor sense of humor
sentirse (ie, i) to feel; to regret
señor *(m.)* Mr., sir; gentleman
señora Mrs., ma'am; lady
separadamente separately
ser *(m.)* being; human being
ser *(irreg.)* to be
   no seas don't be
sereno night watchman
serio, -a serious
   en serio seriously
servir (i) to serve
   servir de (guía) to serve as
   (a guide)
si if, whether
sí yes
siempre always
siesta nap
   dormir la siesta to take a nap
   echar una siesta to take a nap
significado meaning
significar to mean, signify
signo sign
   signo de admiración exclamation
   mark
   signo de interrogación question
   mark
siguiendo *(gerund)* following
siguiente next, following
   a la mañana siguiente the next
   morning
silencioso, -a quiet, silent
silla chair
sillón *(m.)* armchair, easy chair
simpático, -a congenial, pleasant
sin without
   sin alterarse undisturbed
   sin embargo nevertheless
sincero, -a sincere, true

sino but

sinónimo synonym, word with same meaning

sirviente, -a *(n.)* servant

situado, -a situated, located

sobrar to exceed, to remain

sobre above, over, on top

  sobre todo above all, especially

sobrepasar to surpass, exceed

sobretodo *(m.)* overcoat

socorro help

sol *(m.)* sun

  gafas de sol sunglasses

solamente only

soldado soldier

solo, -a alone, single

sólo only

sombra shade; shadow

sombrero hat

sonar (ue) to ring; to sound

sonreír *(irreg.)* to smile

sonrisa smile

soñar (ue) to dream

  soñar con to dream of/about

sopa soup

soportar to bear, stand

sorber to sip, drink

sorprender to surprise

sorpresa surprise

subterráneo subway

suceder to happen, occur

sucio, -a dirty

suelo ground

sueño dream

suficiente enough

sufrir to suffer

  sufrir un examen to take an exam

sugerir (ie, i) to suggest

suma sum, total

sumamente extremely

supe *(from saber)* I knew

sur south

suspender to suspend

T

tal, tales such

  tal vez perhaps

también too, also

tampoco not either, neither, also not

tan so

tanto, -a so much

  mientras tanto in the meanwhile

tantos, -as so many

tarde *(f.)* afternoon; evening

tarea task; homework

tarjeta card

  tarjeta de visita visitor's card

taxi *(m.)* taxi

taza cup

té *(m.)* tea

teatro theater

tecla key

temer to fear

temprano, -a early

tendero, -a *(n.)* shopkeeper

tendido, -a lying *(flat; stretched out)*

tener *(irreg.)* to have

  tener agarrado to hold tight

  tener algo to have something the matter

  tener buen éxito to be successful

  tener calor to be hot, warm

  tener dolor de (cabeza) to have a (head)ache

  tener frío to be cold

  tener ganas de to feel like

  tener hambre to be hungry

  tener mal éxito to be unsuccessful

  tener miedo to be afraid

  tener que + *inf.* to have to *(do something)*

  tener razón to be right

  tener (unos veinte) años to be (about twenty) years old

tenis *(m.)* tennis

tercero, -a third

terminar to end

testimonio testimony, evidence

tiempo time; weather

  al mismo tiempo at the same time

  a tiempo on time, in time

  hacer (buen) tiempo to be (good) weather

  ¿qué tiempo hace? how's the weather?

tienda store

  tienda de comestibles grocery store

  tienda de ropa clothing store

tierra land, earth

tímidamente timidly, shyly

timidez *(f.)* shyness

tía aunt

tío uncle
tirar to shoot
tiza chalk
tocar to touch; to play *(an instrument)*
tocino bacon
todavía still, yet
todo, -a all
  todo el día all day
  todo el mundo everybody
todos, -as all, every
  todos los días every day
tomar to take
  tomar la lección to quiz, help review
  tomar un taxi to take a cab
tontería foolishness
tonto, -a foolish
torrón *(m.)* Spanish candy
trabajador, -a *(n.)* worker; *(adj.)* hard-working
trabajo work
traducir to translate
traer *(irreg.)* to take, bring
traje *(m.)* clothes, suit; outfit
tranquilizarse to calm down
tranquilo, -a quiet, calm
tránsito traffic
transporte *(m.)* transportation
tras after
  mentira tras mentira one lie after another
  uno tras otro one after the other
tratar to try
  tratar(se) de to be about, tell about
tren *(m.)* train
trepar to climb
tribunal *(m.)* court
trigonometría trigonometry
triste sad
tristeza sadness
tumba tomb
turista *(n.; m., f.)* tourist

U

u or *(in front of o sound)*
último, -a last
único, -a only
universidad *(f.)* university
unos, -as some
  tiene unos veinte años he's about twenty years old

urgente urgent, emergency
uva grape

V

vaca cow
vacío, -a empty
vacaciones *(f., pl.)* vacation
  de vacaciones on vacation
vacunación *(f.)* vaccination
  certificado de vacunación vaccination certificate
vagabundo, -a *(n.)* vagabond, bum
vagón *(m.)* car *(of a train)*
  vagón coche-cama sleeping car
valenciano, -a *(n.)* inhabitant of Valencia
valentía bravery
válido, -a valid
valiente brave
vals *(m.)* waltz
vasco, -a *(n.)* Basque, from the Basque region of Spain
vaso glass
vecindad *(f.)* neighborhood
vecino, -a *(n.)* neighbor
vegetación *(f.)* plants, vegetation
vehículo vehicle
vela candle
  vela aromatizadora scented candle
velocidad *(f.)* speed
vendedor, -a *(n.)* salesperson, vendor
vender to sell
venir *(irreg.)* to come
venta sale
ventana window
  ventanilla little window
ver to see
verano summer
verdad *(f.)* truth
verdadero, -a true, real
veredicto verdict, decision
vespa motor scooter
vestido clothes, dress
vestirse (i) to get dressed, dress up
vez *(f.)* time, occasion, turn
  a la vez at the same time
  a veces sometimes, at times
  cierta vez one time
  de vez en cuando from time to time
  otra vez again

tal vez perhaps
varias veces several times
viajar to travel
viaje *(m.)* trip
viajero, -a *(n.)* traveler
víctima *(f.)* victim
victoria victory
vida life
  ganar la vida to make a living
video videotape
videojuego video game
viejo, -a old
vino wine
violonchelo cello
violonchelista *(n.; m., f.)* cellist
virus *(m.)* virus
visita visit
vista sight
¡viva! hurrah!, long live . . .!

volar (ue) to fly
volcán *(m.)* volcano
voluntario, -a *(n.)* volunteer
volver (ue) to return, come back
  volver a to do again
  volverse to turn around
voz *(f.)* voice
  dar voces to yell, scream

Y

y and
ya already

Z

zaguán *(m.)* entryway, vestibule
zapatería shoemaker's *(shop)*
zapatero, -a *(n.)* shoemaker
zapato tenis tennis shoe